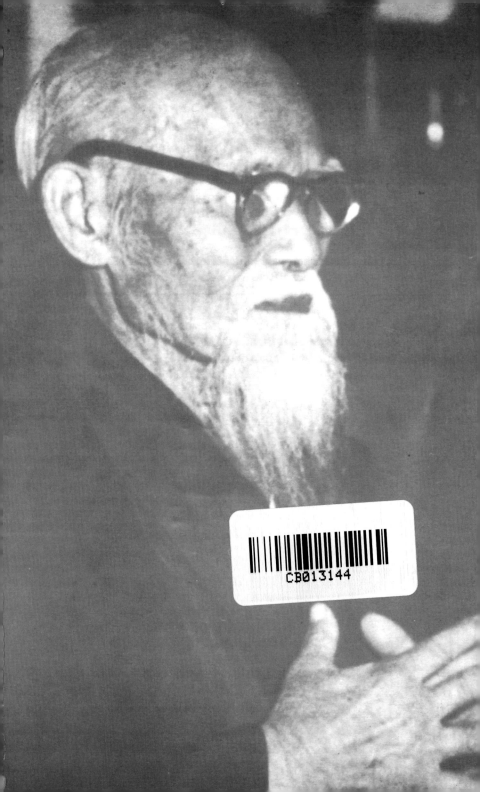

© Copyright 2008
Ícone Editora Ltda.

Proibida a reprodução total ou parcial desta obra,
de qualquer forma ou meio eletrônico, mecânico,
inclusive através de processos xerográficos,
sem a permissão expressa do editor.
(Lei n.º 9.610/1998).

Dados Internacionais de Catalogação na Publicação (CIP)
(Câmara Brasileira do Livro, SP, Brasil)

Büll, Wagner José
    Manual técnico de aikidô : adotado pelo
Instituto Takemussu Brasil Aikikai / Wagner
José Büll ; prefácio Yoshimitsu Yamada. —
4. ed. ampl. — São Paulo : Ícone, 2008.

Bibliografia.
ISBN 978-85-274-0966-7

1. Aiquidô I. Título.

03-5594   CDD-796.8154

Índices para catálogo sistemático:

1. Aiquidô : Esportes 796.8154

Todos os direitos reservados pela
ÍCONE EDITORA LTDA.
Rua Anhanguera, 56 - Barra Funda
CEP: 01135-000 - São Paulo - SP
Tel./Fax: (11) 3392-7771
www.iconeeditora.com.br
E-mail: iconevendas@iconeeditora.com.br

Manual Técnico de Aikidô

Adotado pelo INSTITUTO TAKEMUSSU
BRAZIL AIKIKAI

Wagner J. Büll

4ª EDIÇÃO AMPLIADA

Ícone
editora

ÍNDICE

Introdução 8
Preface - Yoshimitsu Yamada 16
Prefácio - Yoshimitsu Yamada 17
Prefácio do Autor 19
O Autor 25
O Aikidô 31
Situação política do Aikidô internacional 36
Palavras de Kishomaru Ueshiba 39
Palavras de Yoshimitsu Yamada - 8º Dan 41
Aprender Aikidô é conhecer as leis naturais 50
Aikidô - Um caminho para a sabedoria 54
Palavras do Fundador 62
O aspecto religioso-filosófico do Aikidô 66
A raiz shintoísta do Aikidô 70
A história do Aikidô 85
Cronologia de O Sensei, o fundador do Aikidô 86
Aikidô 89
Biografia do Fundador 98
Palavras ao iniciante 121
Doka - Os poemas do caminho escritos por O Sensei 122
Programa básico do Instituto Takemussu 124
Técnicas exigidas nos exames promocionais 127
Algumas regras de etiqueta e comportamentos
em um dojo 132
Regras para professores de Aikidô 133
O uniforme do Aikidô 136
Maneira de dobrar o dogi 141
Como dobrar o hakamá 142
Pontos a observar nas técnicas de Aikidô 143
Mokuso (concentração) 153
Reigi (etiqueta) 154
Tekubi Juhan Undo 161
Exercício de alongamento dos meridianos 163
Exercícios de ligação corpo-espírito - Aiki Taiso 165
Exercício de expansão do "Ki" 166
Ame No Torifune No Gi e Furidama (Os exercícios do
Misogi Shinto) 167
Aiki Taiso 168
Exercícios de movimentação do corpo - Tai Sabaki 172
Ukemis (Quedas) 175
Posturas 179
Formas de ataques mais comuns na prática do Aikidô 180

Shikko (o andar do Samurai agachado) 182
Tagataná Undo 186
Morotetori Maru No Undo Guiaku Hamni 195
As técnicas básicas do Aikidô 198
Kokyu Nague 199
Guyaku Hamni Katatetori Uti Kokyu Nague 205
Guyaku Hamni Katatetori Kokyu Nague Urá 206
Morotetori Kokyu Nague Omote 207
Morotetori Kokyu Nague Urá 208
Shomen Uti Kiri Oroshi Shihonague Henka Waza Koshi
(Kokiu) Nague 209
Ryo Mune Dori Kokyu Nague 210
Ryo Mune Dori Kokyu Nague Omote 211
Morotetori Dai Nikyo Omote Henka Waza Kokyu Nague 213
Shomen Uti Dai Itikyo Omote Henka Waza Kokyu Nague ... 214
Shomen Uti Dai Iti Kyo Omote Henka Waza Kokyu Nague .. 215
Ushiro Ryo Te Tori (Guedan No Kamae) Kokyu Nague 216
Tsuki Kokyu Nague 217
Tanto Tori Shiro Nague Omote Henka Waza Kokyu Nague . 218
Jo Tori Kokyu Nague 219
Tachi Dori Kokyu Nague 220
Nin-Nin Gake Katatetori Kokyu Nague 221
San Nin Kake Morotetori Kubi Shime Kokyu Nague 222
Dai Ikyo 223
Ai Hamni Katatetori Dai Itikyo Omote 226
Ai Hamni Katatetori Dai Itikyo Urá 228
Ryo Te Tori Dai Iti Kyo Urá 229
Guiaku Hamni Katatetori Dai Iti Kyo Omote 230
Guiaku Hamni Katatetori Dai Iti Kyo Urá 231
Shomen Uti Dai Iti Kio Omote (Kibon) 232
Shomen Uti Dai Iti Kio Urá 236
Ushiro Rio Kata Tori Dai Iti Kio Urá 238
Yokomen Uti Kirikaeshi 240
Yokomen Uti Kirikaeshi Dai Iti Kyo Urá 241
Ushiro Eri Tori Dai Iti Kio Omote 242
Yokomen Uti Kiri Oroshi Dai Iti Kyo Urá 243
Suari Waza Shomen Uti Dai Iti Kyo Urá 245
Yokomen Uti Kiri Kaeshi Dai Iti Kyo Omote 246
Tsuki Dai Iti Kyo Omote 247
Morotetori Dai Iti Kyo Omote 249
Shomen Uti Dai Iti Kyo Omote Kaeshi Waza Dai Iti
Kyo Urá 250
Dai Nikyo 251
Ai Hamni Katatetori Dai Nikyo Omote 254

Ai Hamni Katatetori Dai Nikyo Urá	256
Detalhes do Dai Ni Kyo Urá	259
Shomen Uti Dai Nikio Urá	260
Sode Dori Shomen Uti Dai Nikio Urá	262
Shomen Uti Dai Nikio Omote	264
Dai Sankyo	265
Ai Hamni Katate Tori Dai Sankyo Omote	269
Ai Hamni Katatetori Dai San Kyo Urá	271
Shomen Uti Dai Sankyo Omote	272
Shomen Uti Dai Sankyo Urá	274
Dai Yonkyo	275
Katatetori Ai Hamni Dai Yonkyo Omote	278
Ai Hamni Katatetori Dai Yonkyo Urá	279
Shomen Uti Dai Yonkio Omote	280
Shomen Uti Dai Yonkyo Urá	281
Dai Gokyo	282
Tanto Tori Dai Gokyo Urá	284
Yokomenuti Kiri Kaeshi Dai Go Kyo Urá	285
Shiro Nague	287
Ai Hamni Katatetori Shiho Nague Omote	289
Ai Hamni Katatetori Shiho Nague Urá	290
Shomen Uti Shiho Nague Urá	292
Shomen Uti Shiro Nague Omote	294
Hamni Handachi Waza Guiaku Hamni Katate Tori Shiro Nague Omote	295
Morotetori Shiro Nague Omote	298
Ushiro Kami Tori Shiro Nague Omote	299
Kaiten Nague	300
Ai Hamni Katatetori Kaiten Nague Omote	301
Guiaku Hamni Katatetori Uti Kaiten Nague Urá	304
Shomen Uti Kaiten Nague Omote	305
Shomen Uti Kaiten Nague Urá	306
Tsuki Kaiten Nague Omote	307
Guyaku Hamni Katatetori Soto Kaiten Nague Omote	308
Irimi Nague	309
Ai Hamni Katatetori Irimi Nague Omote	311
Ai Hamni Katatetori Imiri Nague Urá	312
Shomen Uti Irimi Nague Omote	313
Shomen Uti Irimi Nague Urá	314
Tsuki Irimi Nague Omote	315
Suari Waza Shomen Uti Irimi Nague Urá	316
Mae Gueri Irimi Nague Omote	317
Mae Gueri Uchi Irimi Nague	319

Guiaku Hamni Katatetori Kokyu Ho
(Sokumen Irimi Nague) 320
Ushiro Ryo Tetori Kokyu Nague Henka Waza Sokumen
Irimi Nague 321
Guiaku Hamni Katatetori Sokumen Irimi Nague 322
Jo Tori Sokumen Irimi Nague 323
Ai Kamni Katatetori En No Irimi Urá 324
Kote Gaeshi 325
Ai Hamni Katatetori Kote Gaeshi Nague Omote 326
Guiaku Hamni Katatetori Kotegaeshi Nague Omote 327
Shomen Uti Kotegaeshi Nague Omote 331
Tsuki Kotegaeshi Nague Urá 333
Ushiro Riote Kubitori Kotegaeshi Nague Omote 335
Tanto Tori Kotegaeshi Nague 336
Defesa contra revólver pela frente 337
Defesa contra revólver por trás 338
Técnicas Especiais 339
Guiaku Hamni Katatetori Koshi Nague 342
Shomen Uti Koshi Nague Omote 343
Shomen Uti Kiri Oroshi Koshi Nague 344
Ushiro Katatetori Kubi Shime Koshi Nague 348
Shomen Uti Dai Iti Kio Omote Henka Waza Koshi Nague 349
Shomen Uti Kata Guruma 350
Alguns Atemis possíveis nas técnicas básicas 351
Ryo Mune Dori Kokyu Nague Sutemi Waza 354
Tsuki Tembi Nague 355
Guiaku Hamni Katatetori Ude Garami 356
Ushiro Ryo Te Tori Juji Garami Nague 358
Ai Hamni Katatetori Ude Kime Nague (Juji Nague) 360
Tsuki Ude Hijiki 363
Hambo Tori Hiza Hijiki Otoshi 365
Ushiro Tori Mizu No Kokoro Undo 366
Shomen Uti Kokyu Nague Kubi Shime 367
Shomen Uti Aiki Nague 368
Shomen Uti Mae Aiki Otoshi 369
Morotetori Ushiro Kiri Otoshi 370
Exercícios normalmente executados no final da prática 371
Conclusão 373
Vocabulário 377
Bibliografia 383

INTRODUÇÃO

Devido a dificuldade de acesso ao público brasileiro a obras de autores estrangeiros com elementos que permitam conhecer a arte, o presente "Manual Técnico de Aikidô", foi editado com o objetivo de fornecer base segura aos iniciantes na prática da arte do Aikidô. O INSTITUTO TAKEMUSSU foi reconhecido pelo Governo Brasileiro através da Resolução 20/83 do CONSELHO NACIONAL DE DESPORTOS como uma "entidade autorizada a desenvolver no País o Aikidô Tradicional Não Competitivo, como órgão cultural que se dedica a divulgar e orientar a prática dessa manifestação, em consonância com os princípios internacionais nessa atividade da cultura humana".

Cumprindo com os objetivos do INSTITUTO TAKEMUSSU – realizamos este trabalho procurando ser o mais prático possível fornecendo aos iniciantes na arte e aos professores elementos para que possam ministrar cursos de Aikidô.

O programa estabelecido, apesar de sintético, representa o mínimo necessário para que uma pessoa possa atingir os primeiros benefícios na arte atingindo um bom nível. Ele foi o resultado de 21 anos de pesquisa do autor, teórica e prática, com vários professores, livros e principalmente baseado no ensino da arte durante vários anos. A experiência de vários mestres internacionais está firmemente aqui embutida, especialmente a de YOSHIMITSU YAMADA SENSEI que é o Shiran responsável pelo Instituto Takemussu; ele foi durante 9 anos aluno direto de O Sensei Morihei Ueshiba, o fundador do Aikidô.

Muitos outros pontos importantes não são citados neste manual, que como se disse, é apenas um guia. Quem quiser se aprofundar nos assuntos, existe um outro trabalho do mesmo autor denominado "AIKIDÔ, O CAMINHO DA SABEDORIA", onde explanações teóricas e detalhes são dados com profusão.

O grande valor deste trabalho reside no fato de que as técnicas são apresentadas com fotografias, o que permite ao iniciante observar os detalhes das posições das diversas partes do corpo tanto de quem aplica como de quem recebe as técnicas.

Temos a convicção que este livro ajudará enormemente a difundir o Aikidô no Brasil, não somente a leigos e iniciantes, mas também a praticantes de outras artes marciais a quem as técnicas naturais do AIKIDÔ certamente enriquecerão seus conhecimentos.

São Paulo, 2 de Novembro de 1994

INSTITUTO TAKEMUSSU
Diretoria

Fernando Takiyama Sensei,

O INSTITUTO TAKEMUSSU

O Instituto Takemussu é a entidade oficial no Brasil representante do Aikidô Tradicional criado por Morihei Ueshiba no Japão e filiado ao Aikikai e a FIA (Federação Internacional de Aikidô), através de Yoshimitsu Yamada Sensei, 8º Dan, que é o responsável internacional pela organização. Tem por principais objetivos:

- Difundir o Aikidô no Brasil, formando professores e criando novos locais de treinamento;

- Dar apoio a todas as pessoas no País que queiram desenvolver a arte filiados à Federação Internacional e ao Aikikai;

- Dar suporte legal às organizações nacionais que tenham objetivos similares;

- Procurar manter o espírito do Fundador em seus treinamentos e aulas de maneira a preservar os ensinamentos de Morihei Ueshiba;

- Divulgar a idéia de que o Aikidô, além de um excelente exercício para a saúde do corpo, da mente e do estado emocional é também um caminho que aproxima os homens de Deus.

SERVIÇO PÚBLICO FEDERAL

OF/MEC/CND/CAJ/Nº 1874/88

Em: 29 de dezembro de 1988

Do: Secretário Executivo do Conselho Nacional de Desportos

Ao: Ilmº Sr. Presidente do Instituto Takemussu

Assunto: encaminhamento (faz)

De ordem, encaminho para conhecimento de V.Sª cópia da Resolução nº 20, de 06.12.88, publicado no D.O. de 19.12.88, pág. 24713, Seção I, que reconhece esse Instituto como Entidade autorizada a desenvolver no País o Aikido Tradicional não competitivo, e ratifica a decisão Plenária exarada no processo nº 5523/78, que aprova o reconhecimento da Federação Paulista de Aikido, como entidade desportiva que se dedica a dirigir o Aikido de natureza competitiva.

Sem mais para o momento, subscrevo-me.

Atenciosamente,

OCTÁVIO TEIXEIRA
Secretário Executivo

Anexo: conforme teor incluso
processo nº 23005.000864/88-29
HWG/

11

RESOLUÇÃO DO CONSELHO NACIONAL DE DESPORTOS QUE RECONHECEU O INSTITUTO TAKEMUSSU COMO A ENTIDADE OFICIAL A DIVULGAR O AIKIDÔ TRADICIONAL NO BRASIL.

RESOLUÇÃO N? 20, DE 06 DE DEZEMBRO DE 1988

RECONHECE O INSTITUTO TAKEMUSSU COMO ENTIDADE AUTORIZADA A DESENVOLVER NO PAÍS O AIKIDÔ TRADICIONAL NÃO COMPETITIVO. O CONSELHO NACIONAL DE DESPORTOS, no uso das atribuições que lhe são conferidas pela Lei nº 6.251, de 08.10.75, e pelo Decreto nº 80.228, de 25.08.77, e, CONSIDERANDO a sua função precípua de órgão normativo e disciplinador do desporto nacional, na forma do disposto no art. 41 da Lei nº 6.251/75; CONSIDERANDO que o CND, no processo nº 5523/78 aprovou o estatuto da Federação Paulista de Aikidô, a qual propunha-se, na ocasião, a fins competitivos, de acordo com a Lei nº 6.251/75; CONSIDERANDO que na Primeira Convenção Internacional de Aikidô, realizada em Tóquio-Japão, no período de 29.09 a 05.10.76, foi aprovado o estatuto da Federação Internacional de Aikidô (IAF), que no seu art. 4, item 7, diz como sendo objetivo da IAF, "proteger o espírito do Aikidô, especialmente proibindo as suas competições"; CONSIDERANDO que no Brasil, especialmente no Estado de São Paulo, onde pela imigração japonesa, existe uma maior prática do Aikidô, onde grande número de praticantes ficaram frustrados nas suas atividades ligadas a esta modalidade pela divergência de objetivos da Federação Paulista de Aikidô e a IAF, quanto aos aspectos competitivos; CONSIDERANDO que a reação natural dos órgãos do Aikidô competitivo foi agruparem-se em entidade cultural de desenvolvimento do Aikidô, sem caráter de federação de competições desportivas, buscando caminhos que cheguem ao Aikidô Tradicional, e neste sentido criaram o Instituto Takemussu; CONSIDERANDO que o Instituto Takemussu tem como um de seus objetivos a proteção do espírito do Aikidô, especialmente proibindo as suas competições, de acordo com os princípios filosóficos da IAF; CONSIDERANDO que as atividades do Instituto Takemussu (demonstrações, exposições culturais e outras) têm sido impedidas por medidas policiais e judiciais requeridas pela Federação Paulista de Aikidô; CONSIDERANDO que existem academias de Aikidô Tradicional, que estão ameaçadas de não funcionarem pela própria Resolução CND nº 05/87, que delega ao CRD's, e esses, às federações esportivas de cada modalidade, a incumbência de fiscalizá-las, permitindo, inclusive, poderes de interdição; CONSIDERANDO que existe um conflito na comunidade do Aikidô, e que cabe a este Conselho mediá-lo, de modo que os praticantes de Aikidô, seja competitivo, seja tradicional, não sejam impedidos de sua prática; CONSIDERANDO, ainda, que qualquer política de educação física e desportos no Brasil, passará obrigatoriamente pela busca de uma cultura física, que por sua vez será expressa por um maior número de praticantes de atividades físicas; CONSIDERANDO, finalmente, que a evolução do esporte internacional tem exigido soluções renovadoras para as questões esportivas de cada País, muitas vezes avançadas em relação ao próprio ordenamento jurídico, mas compatíveis com os pressupostos do esporte como fato social, que são a promoção do homem e a melhoria da sociedade, RESOLVE: **1 - Reconhecer o Instituto Takemussu como entidade autorizada a desenvolver no País o Aikidô Tradicional não competitivo,** como órgão cultural que se dedica a divulgar e orientar a prática dessa manifestação, em consonância com os princípios internacionais dessa atividade da cultura humana. 2 - Reconhecer as entidades constituídas sob a forma de academias, que se dedicam a prática do Aikidô Tradicional não competitivo, como organismo estimuladores dessa manifestação. **3 - Ratificar a decisão Plenária exarada no processo nº 5523/78, que aprova o reconhecimento da Federação Paulista de Aikidô, como entidade desportiva que se dedica a dirigir o Aikidô de natureza competitiva.** 4 - Esta Resolução entrará em vigor na data de sua publicação.

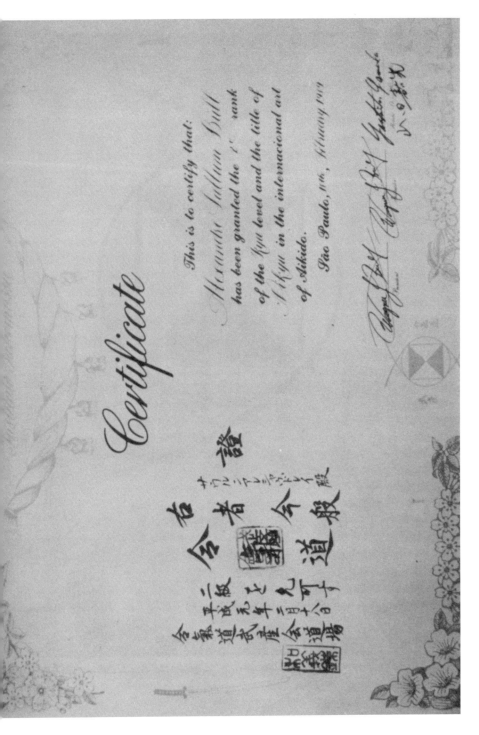

CERTIFICADO DO INSTITUTO TAKEMUSSU DE PROMOÇÃO DE GRAU (Faixa)

SÍMBOLO DO INSTITUTO TAKEMUSSU PARA SER USADO NO DOGI

"As forças do Céu e da Terra, Ka e Mi, se encontram formando o Universo através do Kokyu divino gerando a energia "Ki". O triângulo, o círculo e o quadrado, a essência das técnicas do Aikidô.

YOSHIMITSU YAMADA SENSEI SHIHAN

PRÉFACE

It is a great pleasure for me to preface Wagner José Bull's Aikido book. I was happy to hear that there is great interest in Aikido in Brazil and I would like to take this opportunity to give respectable credit to those who have contributed to its development. Judging from my experience I understand how difficult it is to introduce a new art to the public. Moreover, Aikido as well as all other Budo's have no limitations, they represent a life's work. And although there are many Aikido publications in Brazil, I hope this new Aikido manual will be especially beneficial to those who are already practicing this art.

I have not yet had the opportunity of visiting Brazil. Nevertheless I have had the honor of meeting some of the Brazilian instructors and was very impressed both by their skills and by the respect and loyalty they had for the art of Aikido. Mr. Wagner José Bull was among these instructors. So I am very glad for him, and happy that this publication will soon see the light of day I wish him much success in his future endeavors. I also hope the readers will benefit from the perusal of this book and that they will continue enjoying their Aikido practice.

After all, we are studying one art which was created by one great individual. This means that we should act in harmony regardless of our varied opinions. This will be our way of paying tribute to our founder, Morihei Ueshiba.

New York, April 1, 1990

YOSHIMITSU YAMADA
Chairman of the Board
USAF

PREFÁCIO

É um grande prazer para mim em prefaciar este livro de Aikidô escrito por Wagner José Bull. Eu estou ciente do grande interesse que existe no Brasil para com o Aikidô e eu gostaria de aproveitar esta oportunidade para dar crédito com todo o respeito para aqueles que contribuíram para o seu desenvolvimento.

Julgando pela minha própria experiência, eu compreendo como é difícil introduzir uma nova arte ao público. De qualquer forma, o Aikidô bem como outras formas de BUDO, não tem limitações, elas representam o trabalho de uma vida.

E apesar de haver várias publicações sobre o Aikidô no Brasil, eu espero que este novo manual de Aikidô seja especialmente proveitoso para todos aqueles que estejam praticando esta arte.

Eu ainda não tive a oportunidade de visitar o Brasil. Entretanto, eu tive a honra de encontrar-me com alguns instrutores brasileiros e fiquei muito impressionado com suas habilidades técnicas e com o respeito e lealdade que eles tinham com a arte do Aikidô. O Sr. Wagner José Bull está entre-estes instrutores. Assim, eu estou muito satisfeito com ele e feliz para que esta obra venha rapidamente à luz do dia, e eu desejo também ao sr. Wagner José Bull muito sucesso em seus empreendimentos futuros.

Eu também espero que os leitores se beneficiem, com a leitura minuciosa deste livro, e prazeirosamente continuem desfrutando a sua prática do Aikidô.

Afinal, nós estamos estudando uma arte que foi criada por um grande ser humano. Isto significa que nos devemos atuar em harmonia apesar das nossas opiniões variarem.

Este será o nosso pagamento ao tributo que devemos ao nosso fundador Morihei Ueshiba.

Nova York, 1 de abril de 1990

YOSHIMITSU YAMADA
Presidente da Federação Norte Americana de Aikidô USAF

PREFÁCIO DO AUTOR

Contrariamente a nosso trabalho anterior, o presente livro tem a preocupação essencialmente prática, acreditando que uma imagem fale por mil palavras. Daí ser importante que o leitor preste muita atenção nas fotografias, nos detalhes das mãos, dos quadris, dos pés, do olhar dos praticantes e principalmente, que sinta o espírito das técnicas procurando-as adaptá-las a seu corpo e personalidade. Evidentemente não tem sentido praticar Aikidô pensando apenas fisicamente. A finalidade do Aikidô é o espírito, a personalidade do praticante. Na realidade as técnicas foram desenvolvidas com o objetivo de levar o indivíduo a iluminação, através da purificação que o treinamento dos katas conduz. Este pressuposto é fundamental. Quem estiver interessado apenas em aprender a bater nas pessoas, ou se defender de bandidos deve aprender tiro ao alvo, que desde a invenção das armas de fogo passou a ser a melhor maneira para atingir o objetivo da defesa pessoal e ataque. Quem quer treinar Aikidô deve pensar em melhorar sua personalidade, iluminar seu espírito, melhorar sua saúde, tornar-se um artista com o corpo e eventualmente, apenas usar as técnicas para defender-se de um ataque de um agressor. Esta é, na verdade, a finalidade de todas as artes marciais que possuem a palavra "DO" (caminho). Assim, AIKIDÔ, Karatê-do, Judô, Kendô são artes com objetivos similares, apesar do grande público não enxergar as coisas desta forma devido a um grande desejo íntimo de agressão e destruição criados pelo medo que as verdadeiras artes marciais pretendem eliminar, e pelo fato de alguns professores despreparados deturparem o verdadeiro sentido das artes marciais.

O Aikidô teve por fundador um homem profundamente religioso, shintoísta, que acreditava que o Aikidô fosse uma espécie de "Misogi" (Exercício de Purificação), que eliminando as Impurezas, o "Tsumi", o homem limpo poderia brilhar em todo o seu esplendor como um espelho. Na verdade, é exatamente isto o que acontece com o praticante assíduo. Executando os movimentos, as toxinas vão deixando o organismo e o corpo se purifica. A verdadeira massagem que os katas e os ukemis (quedas) exigem, vão eliminando as tensões psíquicas, relaxando o espírito. As alternâncias entre o Ying e o Yang existentes em todos os katas, mais a necessidade de integração com o parceiro (mussubi), provocam verdadeira revolução na mente dos aikidoístas, fazendo-os ver o mundo com realismo, amadurecendo-os e reunindo-os em torno de Deus, para que possam ver que são a essência do Criador, que são filhos do divino, que são apenas parte de um TODO e não personalidades egoístas, pensando apenas em si próprias.

Livres das impurezas e brilhantes como um espelho polido, o homem pode saber qual é sua verdadeira vocação e missão nesta terra, o que lhe possibilitará escolher corretamente ao tomar suas decisões, desenvolvendo sua sensibilidade e tornando-o FELIZ. É esta a força que o Aikidô pretende desenvolver, é este o combate do praticante, a verdadeira vitória não é vencer o seu opositor, mas vencer a si próprio, não deixando que a ignorância, os preconceitos, o mal, domine o seu ser. Usando uma linguagem mais ocidental a que estamos acostumados, na realidade o problema é livrarmo-nos dos pecados para atingir o paraíso, e é exatamente esta a proposta do AIKIDÔ.

É importante o leitor não confundir o que foi dito acima com idéias errôneas sobre religiões que eventualmente tenha. AIKIDÔ NÃO É RELIGIÃO, MAS SIM, UMA PRÁTICA COM O OBJETIVO DE ILUMINAR O SER HUMANO E FAZÊ-LO IDENTIFICAR-SE COM A VERDADE.

Por outro lado, não se desanimem os brigões. O Aikidô é uma arte marcial violentíssima quando usada em lutas e brigas. Possue os movimentos circulares da esgrima japonesa e sua estratégia, com golpes e chaves de braço que facilmente podem quebrar qualquer agressor. Porém, espera sinceramente o autor, que após alguns anos de prática, estas pessoas que se interessarem pelo lado guerreiro da arte, consigam enxergar um pouco mais adiante, e possam entender porque se diz que a arte do Aikidô é verdadeiramente invencível, e certamente isto não o será, pelos seus golpes traumáticos e técnicas terríveis de guerra.

Não pensem por outro lado, os pseudo-intelectuais, e aqueles que gostam de coisas orientais apenas como um modismo, que o aprendizado da arte é fácil. Aikidô é um "SHUGYO", um treinamento austero, somente com muita dedicação, com muita força de vontade poderá ser aprendido verdadeiramente. MAS UMA COISA O AUTOR GARANTE, O SACRIFÍCIO VALE A PENA, E VALE MUITO!

São Paulo, 02 de Novembro de 1989

Wagner José Bull

MISSOGUI

Missogui é a purificação do corpo e do espírito, é a ação em nosso ser que nos faz sentir e compreender que somos todos partes do grande universo e filhos de Deus, e assim possamos agir de acordo com as leis divinas, como os Kamis, que são seres perfeitos.

MORIHEI UESHIBA – Ô Sensei – O Fundador do Aikidô.

BUDU SHINGI

Budo Shingi, "a verdade do Budo"
Eu estou certo que muitos de vocês associam a essência do Budo com selvageria
militarismo bruto. Nada pode ser tão longe da verdade. No antigo conceito de
Kannagara No Michi", o ideal do Budo era o caminho da sabedoria. A palavra
ara sabedoria, "Hijiri", literalmente significa, aquele que entendeu o espírito.
Este espírito, é o espírito da benevolência universal, e é a base para
o estabelecimento do paraíso terrestre."

Morihei Ueshiba

O Fundador tinha uma caligrafia artística e são de sua autoria os "Kanji" que encontramos nas academias como: AIKIDÔ, TAKEMUSSU AIKI, AIKI-O-KAMI, KAMI NO HIKARI e tantos outros.

O AUTOR

Wagner José Büll é brasileiro, casado, pai de dois filhos, Alexandre e Edgar. É engenheiro civil, pos-graduado em Administração de Empresas e empresário da construção civil. Tem no Aikidô seu "hobby", sua filosofia e sua paixão. Iniciou-se na prática em 1968 em Curitiba por ocasião de seus estudos universitários. Teve como professores Jorge Dirceu Van Zuit, Horiê Sensei, Keisen Ono, Reichin Kawai, Yoshio Torata, Massanao Ueno e Yoshimitsu Yamada. Viaja freqüentemente ao exterior procurando cada vez mais o aperfeiçoamento e as técnicas dos grandes mestres. Foi o fundador do Instituto Takemussu, e é o responsável pelo reconhecimento oficial do Aikidô Tradicional pelo Governo Brasileiro.

Escreveu um outro livro chamado: "Aikidô – O Caminho da Sabedoria", onde, fruto de seu conhecimento em língua estrangeira realizou uma síntese de toda a literatura mundial disponível. A obra recebeu reconhecimento internacional e foi sua grande contribuição para o desenvolvimento do Aikidô. Ensina Aikidô no Instituto Takemussu.

Os Professores do Aikikai que mais influenciaram o Autor antes de Yamada Sensei

ge Dirceu Vanzuit
1969 a 1971

Keizen Ono – 1971 a 1977

Horiê Sensei – 1970 a 1971

SHUGYO

Shugyo é o treinamento austero. É o esforço que temos que despender para nos purificarmos, para aprendermos. Nada evolui sem esforço. Só o trabalho constrói.

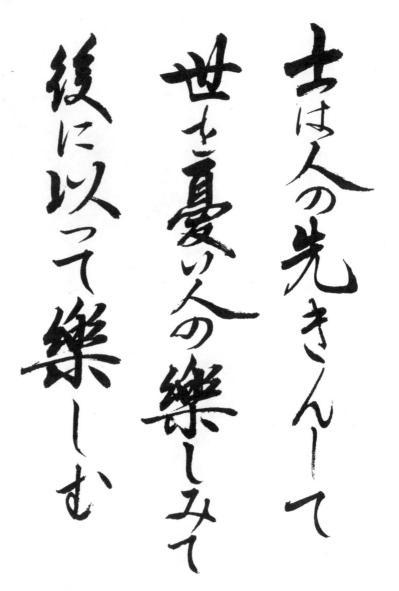

SHIWA HITO NO SAKIINJITE YO OH UREI HITO NO TANOSHIMITE NOCHINI MOTUTE TANOSHIMU.

O samurai é o primeiro a sofrer angústia pela sociedade humana, e é o último a procurar prazer pessoal. O título de Bushi, ou SAMURAI, vem do verbo samuru que significa servir e proteger.

O AIKIDÔ

O AIKIDÔ é uma arte marcial originária do Japão, criada pelo mestre Morihei Ueshiba (1883-1969), que concentrou nela toda a essência do conjunto de artes marciais japonesas (Budô). Buscando coordenar à perfeição as atividades conjuntas do corpo e da mente, em profunda unidade com as leis naturais, o AIKIDÔ propicia ao seu praticante, através do treinamento persistente, o domínio das técnicas de concentração e relaxamento, possibilitando: o combate ao "Stress", a defesa pessoal, a manutenção da saúde e a longevidade. Seu fundador afirmava: "O importante não é lutar contra um inimigo e derrotá-lo, é mais do que isso, derrotar os inimigos internos, a insegurança, o receio. É descobrir a maneira de conciliar as diferenças que existem no mundo e fazer dos seres humanos uma grande família. É compreender as leis do universo, tornar-nos unos com ele. Esse entendimento se dará pelo treinamento persistente".

Os movimentos do AIKIDÔ, sem exceção, seguem as leis da natureza. São cheios de vigor e energia, mas aplicado sempre o princípio da não-resistência, da abstenção e força bruta. Conseqüentemente pessoas de ambos os sexos e de todas as idades podem praticá-lo, sentindo-se atraídas com a real possibilidade de treinar a mente e o corpo, forjando inclusive um caráter equilibrado, temperando-se para todos os momentos da vida.

É uma excelente defesa pessoal.

É um extraordinário exercício de flexibilidade.

O Aikidô desenvolve a concentração.

Melhora a postura.

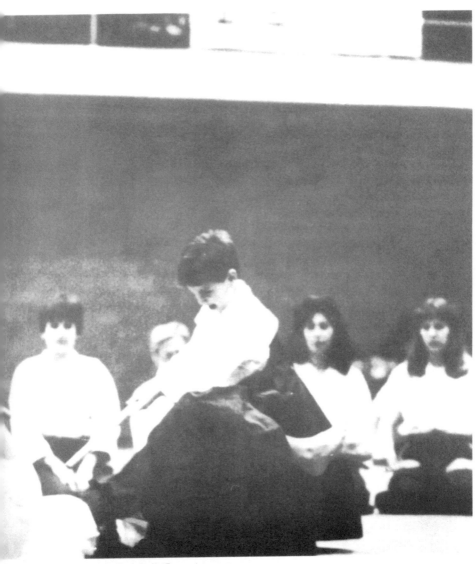

Nague: Alexandre Sallum Büll (7 anos)
Uke: Marcio Satio Miura

Demonstração de "Kumijo" na grande demonstração de 22/10/89. Alexandre com 7 anos adquiriu habilidade de praticante avançado. Iniciou-se na prática aos 4 anos de idade, provando que, contrariamente ao que pensam alguns, o Aikidô é também um extraordinário exercício físico, espiritual e moral na educação da criança.

CHUSEI

CHUSEI é a lealdade. Ninguém pode crescer ou desenvolver-se sem o espíri[to]
da lealdade. Se temos uma origem, devemos manter-nos fiel a ela, procuran[do]
nosso desenvolvimento com ela. Aquele que é infiel perde a confiança dos ami[gos]
e superiores, e é desprezado até pelos inimigos. Por esta razão o estudante [de]
Aikidô deve procurar muito bem analisar o seu primeiro professor antes de
começar a com ele treinar, pois uma vez tendo aceitado-o como mestre, e [a]
organização a que ele está filiado, dificilmente conseguirá desligar-se do mes[mo]
no futuro, pois nada é mais danoso para a vida que a ingratidão, seja para qu[em]
recebe, seja para quem a pratica.

A Sede Central do Aikidô em Tokyo – o "Hombu Dojo"
Endereço: 102 WAKAMATSU - CHO SHINJUKU-KU
TOKYO - JAPAN.

Kishomaru Ueshida, o filho do fundador, o "Doshu".

Moriteru Ueshiba, o neto do fundador, o "Waka Sensei".

SITUAÇÃO POLÍTICA DO AIKIDÔ INTERNACIONAL

O Aikidô espalhou-se pelo mundo todo contando atualmente com mais de 1 milhão e meio de praticantes. Somente em Paris existem mais de 80 Dojos. A Federação Norte-Americana tem mais de 20.000 adeptos, e é raro o país nos dias de hoje que não possui pelo menos um grupo praticando o Aikidô. SÃO PORÉM TODOS ESTES GRUPOS LIGADOS OFICIALMENTE AO AIKIKAI DE TOKYO, que é a sede central presidida por Kishomaru Ueshiba, o filho do fundador, que inclusive já nomeou seu sucessor, Moriteru Ueshiba, o Waka Sensei. O Aikikai foi reconhecido oficialmente pelo governo japonês, que designa diretores (Shiran), para comandar cada grupo nos países e Associações a ele ligados.

Antes e depois da morte do Fundador vários mestres alunos de O Sensei decidiram fundar organizações próprias, porém até o presente nenhuma adquiriu expressão internacional, a excessão da Ki Society presidida por Koichi Tohei e a YOSHINKAN por Gozo Shioda. As demais não passam de alguns Dojos no Japão e uns e outros em alguns países. De qualquer forma todas estas organizações dissidentes não representam 15% do total da população aikidoísta mundial ligada ao AIKIKAI. Este fator é importante que o praticante que se inicia na arte conheça para não ser iludido por algumas pessoas que não sendo ligadas ao Aikikai dizem que as organizações todas existentes representam o Aikidô, isto não é verdade. Quem possuir um certificado que não tenha a assinatura de um SHIHAN ligado ao Aikikai este não terá valor algum internacionalmente. Com o crescimento do Aikidô esta oficialidade e ligação ao Aikikai, dia a dia, fica mais importante, principalmente para quem desejar abrir uma Academia. O AIKIKAI NÃO RECONHECE OUTRAS LINHAS. Por outro lado, devido a cultura japonesa, dificilmente um professor do Aikikai aceitará um aluno que tenha se iniciado em outra linha de Aikidô, pois os japoneses dão muito valor à fidelidade. Deve, portanto, o praticante que queira progredir politicamente dentro do Aikidô, prestar atenção em que academia está treinado para não ter problemas no futuro. No Brasil existem quatro grupos que estão ligados ao Aikikai. O grupo ligado ao prof. Reichin Kawai, o introdutor do Aikidô no Brasil, com sua organização a FEPAI; o grupo ligado ao Prof. Shikanai, aluno de Kobayashi Sensei, de Tokyo; o grupo do Prof. Kikushi que está ligado à macrobiótica e tem ligações com o Aikikai; o INSTITUTO TAKEMUSSU que está ligado a Yoshimitsu Yamada, 8º DAN, da Federação Norte-Americana de Aikidô. No Brasil são praticados ainda 3 outros "estilos" que não pertencem ao AIKIKAI. São eles: TAKEMUSSU AIKIDÔ, que é um outro nome dado ao Aikidô para não confundir com o AIKIDÔ do Aikikai; SHIN SHIN TOITSU AIKIDÔ, ligado ao prof. Tohei, que tem organização própria; TOMIKI AIKIDÔ, que é uma linha que misturou o Judô com o Aikidô, fundada pelo Prof. Tomiki, aluno de Jigoro Kano e Ueshiba, ligado a Kodokan de Tokyo. CERTIFICADOS DESTAS ORGANIZAÇÕES NÃO SÃO RECONHECIDOS COMO DIPLOMAS DE AIKIDÔ PELO AIKIKAI.

Cumpre aqui fazer uma ressalva importante: muitas destas organizações surgiram porque os representantes do Aikikai às vezes cometiam excessos ou mesmo por desejo de independência de alguns mestres. O TAKEMUSSU AIKIDÔ que chegou ao Brasil com Masanao Ueno trouxe muita contribuição ao conhecimento do autor, porém lhe trouxe muitos problemas políticos. O SHIN SHIN TOITSU AIKIDÔ foi criado por Koichi Tohei que foi um dos mais brilhantes alunos de Ueshiba, o mesmo com o TOMIKI AIKIDÔ com o prof. Tomiki.

A questão que colocamos não é diminuir o conhecimento, e o valor dos ensinamentos destas escolas, que na realidade é muito bom e válidos, inclusive como conhecimento genuíno do fundador, uma vez que, na maioria dos casos, os fundadores destes estilos dissidentes do Aikikai terem sido extraordinários alunos, como Gozo Shioda, por exemplo. Porém, o que queremos salientar é que a organização conduzida pelo filho de O Sensei, o AIKIKAI, é a que prevaleceu, é a OFICIAL, e quem quiser algo mais dentro do AIKIDÔ do que simplesmente treinar, é importante meditar sobre o que está exposto acima.

Esta preocupação normalmente não ocorre ao principiante que quer apenas aprender a arte, porém, com o passar dos anos, a tendência é visitar outros países, ou conhecer outros mestres, ou abrir uma academia, aí sim, o praticante perceberá o quanto é difícil ir adiante NÃO ESTANDO LIGADO A CORRENTE OFICIAL DO AIKIKAI.

Temos percebido que algumas pessoas estão fazendo confusão com o INSTITUTO TAKEMUSSU e o TAKEMUSSU AIKIDÔ, no Brasil. O Instituto Takemussu escolheu este nome para sua entidade porque o fundador disse que o Aikidô tinha origem em uma arte guerreira dos KAMIS, que se chamava Takemussu, daí o nome. TAKEMUSSU AIKIDÔ, porém, é outra coisa, é outra linhagem de Aikidô, nada tem a ver com o INSTITUTO TAKEMUSSU, que segue o AIKIKAI, e divulga o AIKIDÔ genuíno divulgado pela FEDERAÇÃO INTERNACIONAL DE AIKIDÔ.

Símbolo da Federação Internacional   Símbolo do Aikikai

Horiê Sensei, um dos primeiros grandes mestres a visitar o Brasil - 1971.

PALAVRAS DE KISHOMARU UESHIBA

A recente expansão do Aikidô em uma escala mundial, é algo fenomenal. A população total aikidoísta atinge mais de 1 milhão, e a Federação Internacional de Aikidô está crescendo mais do que nunca. A razão para este fato reside no próprio Aikidô, que expressa na teoria e na prática a mais alta forma de arte marcial que envolve o espírito e a estética que a Cultura Japonesa produziu. O Aikidô expressa a última realidade, o fluxo de movimentos espontâneos da natureza que são combinados com o poder do Ki. Seu ideal é a formação do princípio humano da unificação do corpo com a mente, que é realizado através de vigoroso treinamento físico e mental, e a percepção da dinâmica da vida seja na atividade ou na calma, no repouso. A espiritualidade de seus princípios fundamentais, e na racionalidade de sua execução são o coração de seu renomado conceito em níveis internacionais.

Acompanhando o desenvolvimento dramático da ciência, tecnologia e civilização material nos tempos modernos está o agravamento das condições do espírito humano, que experimenta a inquietude, a insegurança, e a perda de direção. Isto tudo é potencializado pela ameaça de um holocausto nuclear; a Humanidade hoje está diante de um desastre global eminente.

Nesta era de desumanização racial, o Aikidô representa uma atração especial. Especialmente apelando para o fato de que cada pessoa, independentemente da idade, sexo, ou condição atlética, pode realizar através da prática da arte a unificação do princípio criativo fundamental, "KI", que permeia o Universo, e o "Ki" individual, manifestado no Kokyu. Esta unificação é fonte da energia vital, que não somente preenche o vácuo espiritual, mas fornece ao processo vital a necessária substância e significado.

As artes marciais japonesas foram inspiradas originariamente pelo ideal de vitória nos campos de batalhas. Mas as vitórias tem vida curta; elas passam rapidamente e desaparecem. Pode-se exultar na batalha que se ganhou, mas isto nunca é a verdadeira vitória. Portanto, uma contradição existia quando alguém se dedicava toda a vida treinando vigorosamente em um objetivo que seria algum dia frustrado.

Esta contradição foi resolvida pela formação do BUDO (O Caminho das Artes Marciais), e seu mais moderno expoente, o AIKIDÔ. O Aikidô ensina o caminho de realizar a vitória absoluta baseada na filosofia da não competição. Não competição significando retirar o instinto combativo e agressivo, destrutivo de uma pessoa e transformá-lo em um poder de amor criativo e produtivo. Esta filosofia fica aparentemente muito difícil de ser ensinada através de uma arte marcial (que tem na opinião pública, o desejo de combate, e vitória), mas é a essência do BUDO.

Devido a rápida expansão do Aikidô no mundo todo, nós sentimos que este verdadeiro significado da arte não tem sido entendido e a prática não vem sendo feita muitas vezes convenientemente. Desta maneira, da mesma forma que recebemos com júbilo a internacionalização do Aikidô, se esta expansão não preservar a filosofia básica e os ideais do fundador, Morihei Ueshiba, ela seria reprovável. Por esta razão, nos sentimos um forte senso de responsabilidade, e nós estamos constantemente trabalhando para melhorar a situação.

KISHOMARU UESHIBA – Filho do Fundador
(Prefácio de seu livro "Aikidô-no-Kokoro")

KISHOMARU UESHIBA – O DOSHU
(Filho do fundador e responsável direito pela dissimulação do Aikidô por todo o mundo.)

PALAVRAS DE YOSHIMITSU YAMADA - 8º DAN

As técnicas de Aikidô empregam movimentos circulares no lugar de lineares, com a pessoa que se defende movendo-se fora da linha de ataque e usando o próprio impulso do atacante para ajudar a sobrepujá-lo. O aikidoísta não tenta bloquear o ímpeto do adversário ou ir contra o mesmo, chocando-se com a sua força. Muito pelo contrário, o aikidoísta "lidera" a força do oponente bem como sua mente, sua intenção. Desta maneira, é essencial ao estudante o aprendizado da percepção da direção do ataque para poder, em primeira instância evitá-lo e em seguida usá-lo em seu favor. Esta é a razão pela qual é impossível aprender Aikidô sem praticar com outra pessoa, e porque deve existir uma harmonia entre as pessoas que estejam aprendendo Aikidô juntas. O estudante deve aprender a compreender seu oponente, senti-lo e até que não seja capaz de desenvolver este sentimento não poderá "liderar" a mente do atacante e conseqüentemente, sua força agressiva.

Não existem competições em Aikidô ou força bruta, nem tampouco se empregam golpes traumáticos, ou técnicas para quebrar ossos, ou articulações. Para ilustrar: No Aikidô quando diversas técnicas de articulações são empregadas, as mesmas são dobradas sempre na direção natural, provocando um alongamento muscular e jamais no sentido contrário a seu movimento articular. Na minha opinião, as técnicas de articulações do Aikidô, na verdade, não são nada mais do que exercícios. Para os principiantes elas parecem ser o "máximo" em termos de eficácia e devastadoras quando usadas contra o oponente. Na realidade, porém, elas são apenas métodos para fortalecer e preparar o indivíduo. A prática destas formas, educa e desenvolve o estudante, e quando ele atinge certo grau de domínio das mesmas, seu oponente eventual, não conseguirá encontrar uma falha em sua guarda onde possa atacar.

O Aikidô como foi desenvolvido por Morihei Ueshiba, não tem como seu objetivo principal derrotar ou machucar o adversário. Pelo contrário, as técnicas foram projetadas para remover a idéia agressiva do adversário através da ligação com sua força agressora de maneira que ela se volte contra ele próprio. Para praticar o Aikidô o parceiro deve usar alguma forma de ataque para que as técnicas defensivas possam ser aplicadas, porém a atitude mental que é cultivada durante a prática da arte é de um estado permanente de alerta, com o corpo totalmente relaxado, bem como o espírito. Também nenhum pensamento conflitante deve ser permitido para evitar que haja interferência na resposta imediata ao ataque. A atitude mental é muito importante, e o aikidoísta deve saber que se treinar o corpo é importante, a mente o é muito mais. Algumas pessoas se concentram apenas nos treinamentos físicos, mas é possível que se assim o fizerem e se forem algum dia atacados nas ruas por várias pessoas, que sejam incapazes de aplicar uma técnica comum, devido a confusão mental e "stress", que surgirá, falta exatamente deste treinamento espiritual. Somente pela constante disciplina da sua mente é que o praticante será possível de permanecer calmo diante de uma situação difícil e com condições de reagir convenientemente. Como parte do treinamento, os aikidoístas são sempre estimulados a praticar em um estado de alerta que os condicionem a mudar rapidamente de um

DIVERSAS FASES NA VIDA DE YAMADA SENSEI

Foto antiga quando a Federação Internacional ainda não existia, onde junto com Yamada Sensei (o último à direita) aparecem outros "uchi deshi", hoje grandes mestres da arte, alunos Hombu Dojo como: Yasuo Kobayashi, Nobuyoshi Tamura, ambos também 8º DAN.

Fotos de Yamada Sensei em várias fases de sua vida

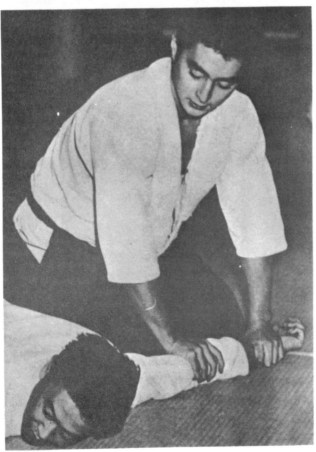

AIKIDÔ – Escrito na apurada caligrafia do fundador, O Sensei, Morihei Ueshiba.

atacante para outro. A sua mente deve ter a flexibilidade para se adaptar a todas as situações que se apresentem, sem se preocuparem com as coisas do passado. Possuir esta capacidade, livre de preconceitos, tem um valor inestimável para se enfrentar o dia a dia da vida. Desta forma o aikidoísta pode se defender de várias pessoas ao mesmo tempo, porque está sempre percebendo toda a situação que o ataca e não apenas um dos atacantes. Quando eu estou praticando com meu parceiro, eu não me encontro apenas em seu pulso, por exemplo, que eventualmente eu possa estar segurando, mas em toda a sua pessoa, desta mesma forma quando luto contra uma pessoa, penso também em todas que estão em minha volta.

Também é muito importante que o aikidoísta aprenda a sentir o SEIKA NO ITEM, que é seu centro gravitacional, que se localiza a 2 polegadas abaixo do umbigo, para que possa aprender a integrar o seu corpo com sua mente de forma harmonizada.

Relaxando o corpo e concentrando a mente neste ponto, mesmo em movimento, o aikidoísta pode manter-se em perfeito equilíbrio, e a estabilidade mental que lhe permitirá executar as técnicas mais complexas.

No início isto é muito difícil, mas o estudante deve tentar manter sua mente neste ponto durante todas as suas atividades diárias, não somente quando está no Tatami. Através desta disciplina mental constante, o aikidoísta principalmente verá que com o passar do tempo atingirá esta concentração naturalmente e sem necessidade de esforço. O corpo estando relaxado e centrado neste ponto abaixo do umbigo está pronto para absorver qualquer tipo de esforço que lhe seja aplicado sem perder seu equilíbrio.

Outro conceito importantíssimo é o conceito de "KI". "KI" é o poder do espírito, ou a mente que todos nós possuímos mas que raramente a usamos. O Aikidô ensina como usar o "KI", freqüentemente, e ficar finalmente a nossa disposição quando dele precisarmos. O objetivo do Aikidô é que o praticante seja capaz de controlar este poder de uma maneira que ele flua naturalmente quando for necessário. "Ki", também pode ser definido como a coordenação da mente com o corpo. Se nos dirigimos nossa mente para determinada área, nosso corpo por inteiro acompanha esta intenção e para lá se dirige. Entretanto, se nosso corpo se dirigir para um local diferente daquele imaginado, ele certamente se moverá desajeitadamente. Nada é mais poderoso em termos de nossas ações e nas técnicas de Aikidô, quando nossa mente e nosso corpo estão coordenados.

Morihei Ueshiba desenvolveu o Aikidô. É essencial estudar um pouco a respeito de sua vida e trabalho para poder apreciar os ideais e princípios do Aikidô. Foi ele quem aperfeiçoou a arte do Aikidô mais do que ninguém. Ele deve ser sempre respeitado porque foi ele quem chegou primeiro, e foi a primeira pessoa que explorou, e como todo pioneiro enfrenta sempre os maiores problemas do que aqueles que posteriormente seguem o seu caminho. Em qualquer Dojo de Aikidô deve haver uma foto do Fundador para mostrar o respeito a sua pessoa e a seu trabalho.

Era evidente para Ueshiba, que o vencedor de hoje seria o derrotado de amanhã, e que por mais forte que fosse alguém, sempre haveria de encontrar alguém mais capaz no futuro. E, por outro lado, por mais veloz que fosse, haveria sempre limitações físicas impossíveis de serem transpostas. Ele compreendeu que seu mais formidável adversário era ele próprio, e que o verdadeiro objetivo das artes mar-

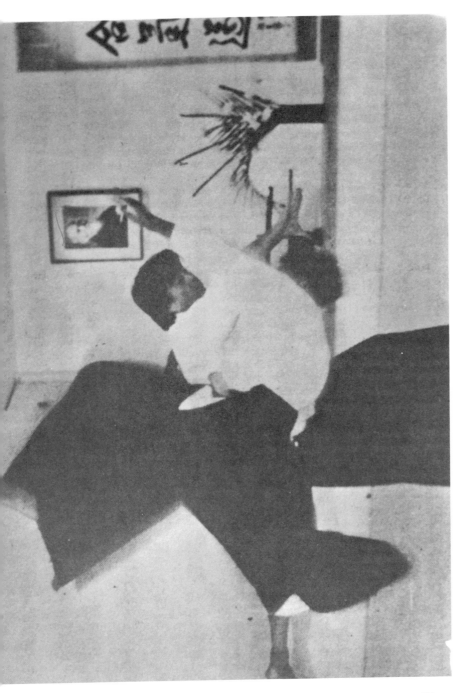

ciais era eliminar as vaidades, e desejos fúteis, fortalecer a sua própria personalidade e caráter, antes de pensar em derrotar os outros. Depois, e somente depois, alguém deveria desenvolver sua capacidade guerreira no combate com outros, e mesmo assim nunca visando ganho pessoal ou ambição. Ueshiba descobriu o potencial espiritual das artes marciais. Ele acreditava que os princípios básicos de harmonia e amor do universo poderiam ser incorporados no praticante das artes marciais pelo treinamento. Dentro deste espírito ele afirmava que olhando da perspectiva do Universo nossas lutas, vitórias e derrotas, não são apenas insignificantes mas elas NÃO EXISTEM.

É fácil entender a filosofia do Aikidô para quem teve a oportunidade de conhecer Ueshiba. Eu tive esta felicidade de me encontrar com ele diariamente durante meu tempo de aprendizado da arte. Durante esta época, eu vivi no Dojo Central em Tokyo, que era também sua residência. Embora fosse de idade avançada, Ueshiba nunca faltava a uma aula. Ele ensinava às 6:30 horas da manhã. Mesmo quando estava doente, ele comparecia às aulas. E, no momento que pisava no Tatami, ele parecia uma pessoa diferente, muitos anos mais jovem, e cheio de uma energia real. Para mim, esta força somente podia ser atribuída ao "Ki", que ele dominava tão bem, uma força que podia transformar aquele homem pequeno, frágil, em um jovem capaz de jogar qualquer números de jovens fortes que compareciam às aulas. Contrariamente a alguns mestres de artes marciais, estava sempre sereno e sorridente. Seus olhos eram penetrantes, e ao mesmo tempo calmos, e condecendentes. A sua calma natural contagiava imediatamente a quem dele se aproximava, e todos se sentiam mais em paz em sua presença.

A característica mais notável de Ueshiba era sua modéstia. Ele freqüentemente dizia que ele próprio era apenas um estudante de Aikidô, que praticava com bastante empenho para abrir o caminho para os outros. Para ele, o Aikidô era um caminho de vida e que não podia ter fim em seu aprendizado. Isto é algo que todos nós que praticamos o Aikidô devemos ter sempre em mente. Isto deve servir para nos estimular a praticar sempre com o espírito do estudante, com toda a modéstia, pois se Ueshiba se considera um estudante de Aikidô, então o que nós somos?

Yoshimitsu Yamada Shihan — 8º Dan

O Autor e Carlos Eduardo Dutra Sensei ("Dudu").

APRENDER AIKIDÔ É CONHECER AS LEIS NATURAIS

As mesmas leis que fixam a órbita dos astros, que marcam as estações do ano e dirigem a vida do reino animal desde o elefante ao mais pequeno microrganismo, estas mesmas Leis que designamos com o nome de Lei Natural, regem também a Vida do Homem. Mas esta lei que é observada por todos os seres da Criação, que no irracional se manifesta pelo instinto que constantemente o guia permitindo-lhe assim viver são e morrer de morte natural, é continuamente transgredida pelo homem ignorante e rebelde.

A Lei Natural é a vontade do Criador que impõe ao homem uma norma para cumprir o seu destino moral e físico.

A Lei Natural e norma de Virtude e Saúde, donde se conclui que o homem são é bom e o homem doente só com grande domínio sobre as suas inclinações mórbidas pode deixar de ser mau. Segundo os Evangelhos, quando um doente se apresentava ante Nosso Senhor Jesus Cristo implorando-lhe que o salvasse das suas doenças, Jesus realizava o milagre no corpo junto com o perdão dos seus pecados. Donde se conclui que a doença corporal se confunde com a doença da alma, porque a Lei Natural e a Lei Moral são a mesma coisa.

A vida do homem civilizado, com o seu instinto degenerado e ignorante dos mandatos da Lei Natural, desenvolve-se sem outro guia que não seja o espírito de imitação de erros alheios ou o próprio capricho.

Compreende-se, pois, a necessidade que há de cada indivíduo e, especialmente os pais de família, se instruirem sobre a ciência da Saúde que está na observância da Lei Natural.

Os irracionais que vivem em liberdade, dirigidos pelo seu instinto, cumprem constantemente esta Lei, vivendo assim em perfeita normalidade fisiológica, que equivale à Saúde Integral.

O Homem abusando do seu livre arbítrio, infringe constantemente a Lei Natural, levando ordinariamente como sanção, uma vida de doenças que termina, regra geral, por uma morte prematura e dolorosa.

A Lei Natural fixou a duração da vida dos mamíferos num período que representa 6 ou 7 vezes o seu total desenvolvimento: assim, um cavalo que leva 5 anos a desenvolver-se, deve viver normalmente, entre 30 a 35 anos; e o homem, que demora 25 anos a completar o seu desenvolvimento, deveria alcançar uma vida de 150 anos ou mais.

No entanto, os casos de longevidade são cada vez mais raros e o termo médio da vida no Brasil não vai além dos 50 anos.

Compreende-se assim a importância que tem o conhecimento da Lei Natural que permitirá ao homem viver são e regenererá os doentes. A ciência da Saúde é fator capaz de resolver os problemas econômicos e sociais, já que em definitivo eles devem a sua razão de ser a um estado de incapacidade do homem para cumprir o seu destino na vida.

O indivíduo são sente a sua própria felicidade sem necessidade de artifícios; é fonte de bem-estar que derrama à sua volta e do qual participa a sua família e que ainda chega aos seus concidadãos e até à descendência.

O homem doente é motivo de desgraça para quantos o rodeiam e para a sociedade em que vive, necessitando dos gozos artificiais que compra para distrair a sua triste existência, realizando pela sua parte o desequilíbrio econômico que vai originando os problemas sociais, e produzindo menos do que consome.

O homem são é fator positivo na sociedade de que é membro; o homem doente é fator negativo.

O homem são produz mais do que consome, proporciona filhos sãos e numerosos à sua pátria e tem hábitos de economia e previsão, preparando o seu próprio seguro de velhice sem recorrer à sociedade.

O homem doente não consegue com o seu trabalho satisfazer as suas necessidades, não tem filhos ou engendra-os com taras que significam sempre um peso morto para a sociedade, carece de espírito de previsão, e economia, portanto sente perto o seu fim e morre prematuramente, deixando aos seus semelhantes a tarefa de ajudar com o seu esforço a manter uma descendência de incapazes, quando não de criminosos.

O homem são vive satisfeito com a sua sorte, porque tudo consegue com a saúde e, consciente do seu destino, não conhece as rivalidades nem a inveja.

As crianças têm muita facilidade em aprender Aikidô por serem mais naturais, espontâneas, livres de preconceitos. O aikidoísta, neste aspecto, deve tornar-se como uma criança.

O homem doente sente a sua inferioridade e odeia os que não estão nas suas alteradas condições, buscando no extremismo uma igualdade que rebaixe os outros ao nível da sua miséria proporcionando-lhe a triste consolação de ver os seus semelhantes compartilhar da sua desgraçada situação.

No Brasil podemos ver como os pavorosos problemas sociais e econômicos que nos afligem correspondem a uma decadência na Saúde do povo e, ao mesmo tempo, ao estado crônico das doenças correntes nas nossas cidades.

Ao mesmo tempo que com o afastamento da Saúde, apareceram os problemas sociais que os nossos governantes procuram solucionar com leis que serão ineficazes enquanto não se for à causa geradora do mal, ou seja, enquanto não se restabeleça o estado de saúde na coletividade para o qual não há senão este caminho: Voltar à Natureza.

Não esqueçamos que a Saúde não se obtém na consulta do médico nem se compra na farmácia.

Nas novas gerações está o futuro do Brasil. Convém, pois, encaminhar a juventude para a saúde que só pode obter-se cumprindo a Lei Natural.

A ciência da Natureza deve ser ensinada na escola com as primeiras letras, para que assim a criança aprenda a dirigir os seus passos na vida e em seu próprio benefício e no de seus semelhantes.

Recordemos que os povos que chegaram à decadência, começaram primeiro por adoecer.

No cumprimento integral destes preceitos está a Saúde e a Felicidade.

É fundamental ao homem estudar e conhecer as leis naturais para que possa ser saudável e feliz. O Aikidô é um verdadeiro caminho para o aprendizado das leis naturais e sua incorporação no corpo e na personalidade.

AIKI NAGUE

AIKIDÔ

UM CAMINHO PARA A SABEDORIA

As artes marciais orientais tiveram na maioria dos casos uma personalidade voltada para o desenvolvimento espiritual como seu fundador, e são raros os grandes mestres que não apresentam elevado grau de maturidade oriundo de uma grande sabedoria. Teriam sido criadas as artes marciais com objetivos de elevação espiritual? Acreditamos que não. É bem mais provável que nos tempos antigos quando os homens eram ameaçados constantemente por perigos físicos como animais selvagens, invasores e conquistadores guiados pelo espírito da pilhagem, que procurassem desenvolver técnicas de guerra que lhes permitissem se defender. É evidente que estas técnicas guerreiras passariam a ter uma importância fundamental nas sociedades antigas uma vez que delas dependia a segurança de toda a coletividade que se reunia em torno de uma aldeia ou fortificação. Por estar esta atividade diretamente ligada aos interesses das classes dominantes, dispunham os guerreiros de todo o apoio das lideranças, permitindo assim que os praticantes pudessem se dedicar com exclusividade à prática marcial.

No estudo de todas as técnicas de artes marciais, principalmente as orientais, vamos encontrar sempre a procura de maximizar resultados com um mínimo de esforço. Da mesma forma que na Economia, na Engenharia, na Agricultura, e principalmente na Natureza, tudo é executado de maneira a usar um mínimo de insumos para se atingir um máximo de produção.

O corpo humano é um exemplo fantástico deste procedimento. A energia que tiramos do ar e de algumas colheres de alimento é reproduzida em um dia inteiro de trabalho muscular. Não existe ainda máquina tão perfeita como esta. A natureza com suas técnicas divinas é o máximo que se pode imaginar na realização de qualquer empreendimento. Portanto, conhecer esta técnica é fundamental a qualquer líder.

Não resta dúvida que os antigos guerreiros que observaram estes fenômenos procuraram adaptar suas ações às ações da natureza. Assim, copiavam posturas de animais e seus movimentos e os incorporavam em suas técnicas procurando relacioná-los com os fenômenos naturais. E ao tentarem esta aproximação, começavam a aproximar-se das regras de criações naturais que são divinas (criadas por Deus para alguns e em sendo Deus, para outros), a questão filosófica religiosa não importa para que se analise os resultados. O fato é que, em procurando a copiar a natureza para aprender movimentos ideais guerreiros, o homem acaba por incorporar seus métodos criativos, passando a agir como o Criador e em agindo como Ele, tende a se tornar o próprio, descobrindo outras percepções em outras áreas de atuação ao ponto de concluir que entende a Sabedoria, pois trilha os caminhos de Deus, ou da Natureza. Nesta visão global do Universo, as atividades bélicas, as artes marciais, começam a ser percebidas apenas como uma porta para a qual o homem adentra ao paraíso terrestre natural e divino e começa a perder o seu interesse apenas guerrei-

ro. Daí a nosso ver, a associação constante que existe entre os "gurus espirituais orientais e as artes marciais. Boddidharma usava no templo Shaolim, como é sabido, técnicas de guerra à seus monges para elevação espiritual. A psicologia, a cada dia passa a perceber a importância do exercício no corpo para relaxar as tensões e libertar os traumas e neuroses. No Brasil, muitas pessoas já tem consciência deste fato e começam a proliferar organizações no país que começam a divulgar através da mídia escrita a importância do treinamento das artes marciais para se atingir a sabedoria.

Tendo falecido em 1969, Ô Sensei, alguns anos antes de sua morte, chegou ao ápice de sua criatividade, desenvolvendo o conceito de TAKEMUSSU AIKI, a arte marcial que não tem formas padronizadas, onde os movimentos do universo são seus movimentos. A arte marcial (TAKE) nasce (MUSSU) através da união e incorporação (AI) com a energia e leis naturais (KI). Este treinamento e percepção acaba por desenvolver no praticante a sabedoria pela integração com a energia Universal (Shobu Aiki). É evidente que a sabedoria do universo, as leis do universo, se pode aprender através de centenas de outros meios, desde que o praticante se empenhe com sinceridade e dedicação e não se preocupe com o tempo, deixando as coisas acontecerem naturalmente. Talvez seja esta a razão das pessoas que se dedicam com amor àquilo que fazem com persistência, acabarem por desenvolver grande sabedoria passando a se preocupar mais com a integração e felicidade dos indivíduos na sociedade, e não mais, apenas consigo próprio. Para se desenvolver e ativar a sabedoria, o homem necessita eliminar a vaidade e seu discípulo, o egoísmo, pois, eles fincam suas garras no homem moderno fazendo com que dia a dia ele se aprofunde mais em uma solidão e desconfianças de seus semelhantes, aprisionado dentro de sonhos a realizar, ou realizados dentro de mansões solitárias e contas bancárias elevadas, procurando querer cada vez mais e postergando desfrutar a vida e a afeição com seus semelhantes para o futuro e acaba morrendo sem realizar esta integração desejada natural, confrontado pela promessa de um paraíso após a morte que efetivamente acontecerá, uma vez que com a morte, morre o Ego e as forças naturais prevalecem sobre nossas cinzas e nosso espírito volta para Deus, para a natureza.

A palavra AI em japonês, significa amor. Muitas pessoas confundem o amor do Aikidô com o sentimento que sentimos de fraternidade, de carinho, ou de paixão. Traduzindo diretamente a palavra Aikidô para o português, ele significa o caminho (DO) do amor (AI) com as forças vitais (KI). Colocado desta forma, podem ocorrer distorções no entendimento do significado da arte.

Na verdade a missão do Aikidô é BAN YU AI GO ou seja: "Amar e proteger todas as coisas. Não um amor fraco sentimental, mas a todo poderoso amor universal".

Desta maneira, o ato de uma raposa devorar um coelho para sobreviver, é um ato de amor. É esta união entre a carne e seus nutrientes do coelho com a raposa é que permitirá que a mesma sobreviva e continue a perpetuar sua espécie e também contribua para o aprimoramento da raça dos coelhos eliminando os reprodutores mais fracos permitindo que sobrevivam os exemplares mais bem dotados. Na ótica do Aikidô, esta união entre a raposa e o coelho devorado permite que juntos continuem desenvolvendo o processo natural. É importante que o coelho e a raposa lu-

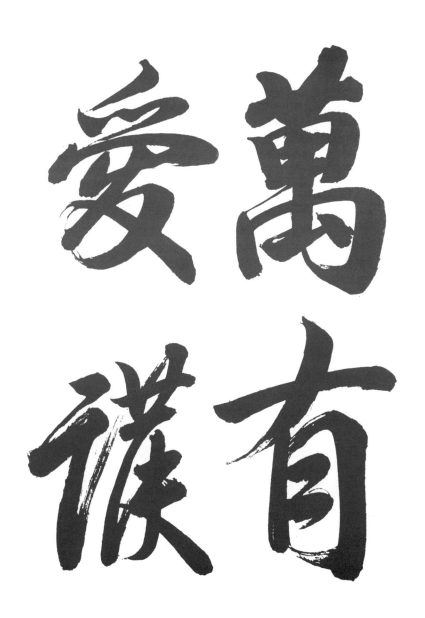

BAN YU AI GO

*A missão do Aikidô é amar e proteger todas as coisas. Ai é amor.
E não é um amor fraco e sentimental, mas o todo poderoso amor universal.*

O AIKIDÔ É UM CAMINHO PARA TODA A VIDA

1990

1969

Fotos do Autor

tem para sobreviver, pois é esta a lei natural que dita que deve continuar na liderança aqueles espécimes mais aptos, portanto mais incorporados das leis do universo.

A própria palavra BU de Budo, que é entendida como um sinônimo de guerra, de luta, na verdade significa proteger. O caminho do Budo, portanto, é o caminho de proteção de tudo que é natural através da utilização das técnicas produzidas pela natureza. É evidente que não se deve entender que o coelho que foi comido pela raposa seja inferior. Este pensamento de inferioridade na verdade é uma amostra do egoísmo e da vaidade que o pensador possui, acreditando que é mais importante devorar, vencer, do que ser devorado ou perder. O chefe não existe sem o subordinado, o centro sem a periferia, a raposa sem o coelho. Daí ser importante agradecermos sempre a comida que ingerimos, o patrão que temos, do cliente que compra nosso produto. Vencer no conceito natural, na verdade significa apenas incorporar e jamais submeter-se.

O que foi exposto acima, evidentemente, é o que ocorre na realidade dos fenômenos universais e a missão do Aikidô está em proteger este estado de coisas. Outra coisa completamente diferente é a luta não pela sobrevivência, mas sim pela satisfação do ego que quer derrotar, que quer ganhar, simplesmente para se sentir superior e na realidade compensar um sentimento de inferioridade escondido no inconsciente.

Uma coisa é a raposa devorar o coelho porque está com fome e precisa comer para sobreviver, outra coisa é a raposa comer o coelho porque quer mostrar a todos como é esperta, forte e poderosa. No primeiro caso trata-se do amor universal (AI da palavra Aikidô); no segundo caso, tudo não passa de um desejo Egoísta, vaidoso existente apenas nos homens, e que não atingiram a Sabedoria.

Por esta razão, na prática das artes marciais e meditações orientais, se procura a vacuinidade mental, a ausência de pensamentos, pois eles confundem o homem na compreensão da verdade. Nossa memória está impregnada de premissas falsas que nos fazem ver o mundo de uma maneira distorcida e conseqüentemente passam assim também a ser as nossas ações. É preciso limpar a mente destes conceitos fantasiosos e começar a viver baseado em realidades. O Aikidô representa um grande caminho para o homem moderno para ajudá-lo a enxergar a realidade e assim conduzir a sua vida de uma maneira mais harmoniosa consigo próprio e com os demais seres do planeta, facilitando-lhe a atingir a felicidade, "Aqui e Agora" sem precisar de promessas e ilusões no futuro.

Não devemos esquecer o que Jesus disse: "Olhai as aves do céu, elas não semeiam e não guardam em celeiros, no entanto o pai Celeste tudo lhes dá".

É evidente que é muito difícil libertar-se de amarras que nos foram impostas através de milênios de cultura mercantilista, escravista, e egoísta, porém como disse Ghandi: "É importante tentar, pois o mérito está em perseguir a meta e não em realizá-la". Mesmo que nós próprios não atinjamos o estágio que os mestres atingiram, através de nosso esforço, as gerações que se seguirem seguramente o conseguirão.

Neste contexto, o "Ego" vaidoso, passa a ser nosso demônio que consumirá nossa vida na busca de uma felicidade que paradoxalmente somente a desfrutaremos com a morte. Por que não nos libertamos deste Anti-Cristo? Porque não amarmo-nos uns aos outros, e ao Pai como sabiamente disse Jesus Cristo? Por que não nos ligarmos às leis divinas do Universo? Por que não praticarmos uma arte marcial como o Aikidô? E é desta prática que este livro trata, com ilustrações claras para o leitor poder assimilar as técnicas com facilidade.

SHIZEN TOTA

Shizen Tota é o ajustamento natural das coisas. Não há mal que dure e também não há bem que não acabe. Todo crescimento começa a decrescer a partir de seu ápice, e todo decréscimo experimenta um crescimento a partir de seu limite inferior. É esta maravilhosa verdade que produz o equilíbrio e organização natural das coisas neste universo.

PALAVRAS DO FUNDADOR

— *AIKI é uma palavra que existe desde há muito tempo. Porém o AI de Aiki é um homônimo de amor.*

— *A filosofia particular que eu segui e conquistei e da qual eu estou impregnado, eu a denominei Aikidô. Porém, o que as pessoas que praticam artes marciais denominam Aiki é fundamentalmente diferente do que eu chamei Aiki.*

— *Aiki não é uma arte de combate contra um inimigo sendo tampouco uma técnica de destruição do adversário, mas sim o caminho da harmonização do mundo que faz de toda a humanidade como pertencente a uma mesma família.*

— *O Aikidô é a Arte Marcial da verdade, é um ato de amor, é o caminho para a salvaguarda de todos os seres vivos, é o compasso que faz viver todas as coisas. É a manifestação do TAKEMUSSU que dá nascimento às técnicas marciais. A arte marcial que nasce do TAKEMUSSU está de acordo com a lei de aparecimento e desenvolvimento de toda a CRIAÇÃO. É a lei que protege o crescimento de todas as coisas e pode-se dizer que o AIKI é a arte marcial da verdade e isto é porque ele está debaixo da ordem do Universo. O Universo é visto a partir da UNIDADE. O universo inteiro se harmoniza como uma só família e se apresenta como a perfeição e a paz. O Aikidô que tem estas raízes como concepção não pode ser outro que não a arte marcial do amor e não pode ser uma arte marcial da violência.*

— *O Aikidô é "MASSAKATSU AGATSU KATSU HAYAHI". Masakatsu é vencer com a verdade. Agatsu é cumprir completamente a missão que o Céu nos deu. Katsu Hayahi é o ardor que nos permite vencer o tempo.*

— *Eu posso dar minhas costas ao adversário. Quando ele me ataca ele se choca com sua própria vontade de me atacar. Eu sou UM com o universo. Eu não sou nada. Quando eu estou ali, o adversário é aspirado. No Aikidô de Ueshiba não há tempo nem espaço, somente o Universo, e isto é Katsuhayahi.*

— *Aquele que compreendeu o princípio essencial do Aikidô, o Universo está nele, eu sou o Universo.*

— *Eu não posso perder independentemente da rapidez com que o adversário me ataca. Não é porque minhas técnicas sejam mais rápidas do que as do adversário, não é um problema de velocidade ou lentidão. O resultado de um combate é decidido antes de começar. Aquele que me ataca tenta destruir a harmonia do universo, portanto já perde antes de começar.*

Fotos do fundador com idade aproximada de 55 anos.

– O Aikidô é uma doutrina de não resistência, e na medida que é não resistente a vitória está assegurada desde o começo.

– Eu não me comparo aos homens. A quem então? Se devo responder, eu me comparo à divindade.

– O Misogi do grande Aiki deve ser atingido e aperfeiçoado em cada um. É preciso alegremente exercitar o espírito. Vocês que tem um coração, escutem por favor a voz de AIKI. Não é necessário corrigir os homens, mas de corrigir nossos próprios corações, isto é Aikidô. Esta ordem que lhes dá o Aikidô e que vocês devem dar a vocês próprios.

– No Aikidô não há um final. O caminho é ilimitado, é uma fonte inesgotável.

– O princípio essencial do Aikidô é harmonizar-se com o Universo, é se tornar UM com ele, vibrando com seus movimentos em ressonância.

– O Aikidô é o caminho que protege o nascimento, o crescimento e desenvolvimentos de todos os seres a fim de que todos possam ajudar a estabelecer o reino ordenado do Universo.

– Aquele que pratica sinceramente o Aikidô deve ouvir os olhos do coração e através do Aikidô entender a ordenação do Universo criada pelos deuses, e segui-la completamente.

TAKEMUSSU AIKI, O BUDO QUE PURIFICA

O ASPECTO RELIGIOSO FILOSÓFICO DO AIKIDÔ

O Aikidô nasceu basicamente da fusão de dois elementos: o DAITO RYU AIKIJIUJITSU e a FILOSOFIA SHINTOÍSTA da seita Omoto.

O Daito Ryu Aikijiujitsu era uma arte criada por Yoshimitsu Saburo Shinra no início do século X do período feudal do Japão. A família Takeda guardou esta tradição até o final do século XIX, quando a tradição foi passada a SOKAKU TAKEDA, a quem, no princípio do século XX a ensinou a Morihei Ueshiba, que foi posteriormente professor desta mesma arte. Ueshiba era um homem muito religioso e influenciado pelas idéias de Onisaburo Degushi, da religião Omoto e acabou criando o Aikidô. Se pelo lado técnico o Aikidô na realidade é um Daito Ryu moderno, pelo lado filosófico ele é profundamente shintoísta. Para o fundador do Aikidô ele é um Shugyo (treinamento austero), onde a alma realiza o Misogui (purificação). O Sensei disse "Aikidô é Misogui", e inclusive esteve no templo de Tsubaki para pedir que no templo AIKI, que ele construiu em YWAMA, fosse consagrado a um KAMI. Para documentar estas afirmações transcrevemos um trecho de um depoimento de Yukitaka Yamamoto, reverendo responsável pelo templo Tsubaki:

"Mestre Morihei Ueshiba, o fundador do Aikidô, visitou o Grande templo de Tsubaki na primavera de 1958, guiado pelo mestre Michio Hikitsuchi, do Dojo de Aikidô de Kumano. Assim que chegou, ele disse-me que gostaria de praticar "Misogui", na cascata existente no interior do templo, e ele assim o fez junto comigo. Depois ele participou da cerimônia de purificação no Hall principal do templo, e orou no Honden, o santuário principal. Assim que eu terminei de recitar o Norito ele cantou SU-U-, Ah-Oh-Un-Eh-Ih, depois pegou a espada de madeira, o boken, e executou vários movimentos em oferenda aos Kamis. Nesta oportunidade ele disse: "Estes são as bases do Aikidô, movimentos que fazem a união dos seres com a grande natureza, todos estes movimentos me foram dados por SARUTAHIKO-NO-OKAMI. Aikidô é misogui, a purificação de nós próprios. Aikidô é o próprio caminho da purificação, o caminho para se tornar Sarutahiko-no-Okami e ficar na ponte entre o Céu e a Terra (Ame-no Ukihashi). Em outras palavras, as técnicas de Misogui são Aiki, a maneira de unir o céu com a terra, o caminho de aperfeiçoar a humanidade, o caminho dos Kamis, o caminho do Universo".

E ele continuou: "Eu recebi muitos ensinamentos de Sarutahiko-no-Okami, que disse-me: "Através do trabalho de Takehaya-Susanowo-no-mikoto, você adorará Ame-no-murakumo-kukami-samuhara-Ryuo, o Kami de TAKEMUSSU e construirá um templo AIKI e um Dojo em Ywama, prefeitura de Ibaraki". Desde então eu venho procurando o templo principal de Sarutahiko-no-Okami. Por isto estou hoje aqui.

Depois deste dia, Mestre Ueshiba visitou o templo várias vezes por ano. Em julho de 1960, a pedido de Ueshiba eu fui a Iwama levando comigo o GOSHINTAI (estátua) de Sarutahiko-no-Kami para consagrar o templo ao Kami. Eu me lembro, neste dia, que Mestre Ueshiba estava muito alegre. Foi uma grande cerimônia, com muitos participantes, incluindo o filho do fundador e presidente da Federação Inter-

TEMPLO AIKI (Aiki Jinja) construído por O Sensei em YWAMA. Conforme livros antigos xintoístas, Takemussu é a arte marcial dos Deuses. Aikidô é Takemussu por excelência.

nacional de Aikidô, Kishomaru Ueshiba. Depois disto ele continuou visitando o templo e inclusive plantou uma árvore próximo à cachoeira do templo que está lá até hoje. Eu acredito que as palavras de Mestre Ueshiba: "Aikidô é Misogui" são verdadeiras.

O Aikidô não imprime nenhum aspecto religioso em seus praticantes. AIKIDÔ NÃO É RELIGIÃO, é refinamento do espírito, mas sem dúvida alguma suas bases nasceram em função dos ensinamentos shintoístas como se verificou pelo relato acima.

SARUTAHIKO NO KAMI, o Kami do Aikidô.

RIHEI UESHIBA, o fundador do Aikidô era um profundo devoto do Shintoísmo, introndo-o no Aikidô, em sua prática e filosofia.

A RAIZ SHINTOÍSTA DO AIKIDÔ

Conforme já se disse, Aikidô não é religião, porém, da mesma maneira que ao estudarmos português, é importante conhecer o Latim, porque nele estão as raízes do primeiro, da mesma forma é importante conhecer pelo menos alguns conceitos básicos shintoístas para que se possa entender o AIKIDÔ.

Quando se houve a palavra SHINTO, a primeira impressão que vem ao leigo é que isto tem algo a ver com o Japão e ligado à Natureza. Em verdade estas são as linhas mestras do assunto. O Shintoísmo é tão velho quanto o Japão porque nele estão contidas as primeiras percepções dos japoneses sobre eles próprios e do mundo em que viviam. O Shintoísmo cresceu com o Japão e ele com o Shintoísmo, sendo portanto inseparáveis. Porém, o shintoísmo não é somente para o Japão, ele contém verdades que pode oferecer introspecção e pensamentos a toda a humanidade. O Shintoísmo tem muitas facetas que podem enriquecer a fé nos praticantes de religiões tradicionais, pois, de certa forma todas as religiões baseiam-se em conceitos que o shintoísmo aborda, e de uma maneira prática, experimentada, em lugar de apenas basear-se na fé, como na maioria das religiões. No Shintoísmo se sente Deus, não se acredita em Deus. O Shintoísmo não é exclusivo, mas inclusivo. Enquanto começa em suas origens particularmente aos japoneses e a seu modo de vida em seus princípios tem visão universal. Os conceitos do shintoísmo não são teóricos, uma vez que pertencem muito mais ao mundo experimental e é muito melhor captado pela intuição do que pelo pensamento.

As pessoas freqüentemente perguntam por que o Japão após o desastre de 1945 conseguiu reerguer-se das cinzas e construir uma nação nova e uma economia que em termos dos padrões modernos é um sucesso. Evidentemente muitos fatores políticos e econômicos levaram a este fato, principalmente a atitude dos Estados Unidos. Mas outros países também receberam ajuda dos americanos e europeus e não conseguiram soerguer-se pois tiveram dificuldades em adaptar-se aos novos padrões de vida. Devido ao shintoísmo, o Japão não teve esta mesma dificuldade. Reconstruir e renovar é uma parte básica da cultura japonesa, e um dos fundamentos do Shintoísmo. Isto pode ser simplista, porém, se não se for pragmático, e ter uma visão otimista das coisas, como se poderá "viver novamente", como se diz? Os séculos de shintoísmo como o coração da comunidade, engendraram uma maneira de pensar que ensina a encarar uma catástrofe com determinação e acreditar que os esforços para reconstrução serão beneficiados com o sucesso. Vamos analisar alguns dos pontos mais importantes do Shintoísmo.

SHINTOÍSMO E A NATUREZA

O Shintoísmo, o caminho de Deus, existia no Japão sem este nome até o aparecimento do Budismo, adotando o nome atual para distingui-lo deste. Ele desenvolveu-se ao redor dos lugares sagrados, onde estão os templos, pois no shintoísmo os templos são construídos nos lugares sagrados, e o que importa não é a edificação, mas o local. A Natureza se renova e ela tem sido como uma mãe para os japoneses. Os estágios da vida eram marcados por eventos nos templos e assim as diferentes formas de shintoísmo começaram a tomar forma. Através dela estava a idéia de "DAISHIZEN" (A Grande Natureza), onde as forças combinadas das ações físicas e místicas que fizeram o Universo são imaginadas com toda sua complexidade e dimensões. Daishizen pode ser explicada de várias formas. Ela se refere ao lado cósmico e físico no contexto de nossas vidas. Ela também pode significar algo que nos guia desde que estejamos em harmonia com a mesma. O Shintoísmo nunca esteve preocupado em formular códigos complicados ou éticas sofisticadas. Simplesmente diz que o indivíduo deve ser sincero ao seu verdadeiro ser, a sua essência. Este modo de pensar difere fundamentalmente da maneira ocidental. O Shintoísmo acredita que uma vez que as pessoas realmente compreendam a natureza humana saberão como proceder corretamente e não necessitarão de leis para governá-las. O shintoísmo implica no conceito que a natureza do homem é essencialmente boa e que os povos não se tornam maus por livre escolha. Um oficial da prisão japonesa disse uma vez que os prisioneiros que estavam lá não eram melhores nem piores do que qualquer japonês fora dela. O problema era que eles eram mais fracos e era a fraqueza e não malícia que os levava a cometer crimes. O que era necessário era reabilitar seus caráteres. A vida não é rígida, mas flexível e pode ser endireitada. Este é um conceito basilar do Shintoísmo. A água simboliza lavagem no Batismo cristão. No Shintoísmo esta "lavagem" é feita várias vezes, pelo menos uma vez por ano. Da mesma maneira que a água lava o corpo, também o faz para o espírito, se se faz o exercício adequado, purificando-o.

Uma comparação do processo é que a natureza humana deve brilhar como um espelho, mas quando ele estiver coberto de poeira evidentemente cessa o brilho. É fundamental remover a poeira para que ele possa brilhar novamente. A poeira porém, volta ao espelho e precisa ser removida de tempos em tempos. Assim os shintoístas ficam debaixo de uma cachoeira para "limpar a poeira" do espírito. A água da cascata por si só é um Kami e através dela pode-se emergir dentro do divino buscando a purificação. Toda religião tem algo distinto e único para oferecer ao homem em sua busca da verdade, bondade e beleza. A idéia de purificação, o ritual do Misogi é o coração seguro da tradição shintoísta.

As palavras falham. O misogi precisa ser experimentado, pois o shintoísmo é muito mais captado do que experimentado.

MISOGI-HARAI E MISOGI-SHUGYO (treinamento austero)

O significado de Misogi-harai no Shintoísmo é purificar o passado e o presente. A palavra misogi deriva seu significado de uma história no Kojiki, um livro clássico japonês, que diz que o Deus ancestral, Izanagi-no-Mikoto purificou-se de suas impurezas banhando-se em água divina. A palavra Harai vem do verbo Harau que tem a mesma raiz da palavra harau que significa literalmente varrer a sujeira, ou pagar-se as dívidas. A palavra também veio para a terminologia shintoísta através do Kojiki. De acordo com esta literatura clássica, Izanagi no-Mikoto que

DIA DE MISOGI-HARAI NO DOJO
(Purificação Shinto)

Fernando Takiyama Sensei, o Autor, Alexandre Sallum Bull, Eduardo Pinto e Luis Rovella Sensei.

havia se purificado através do Misogi, purificou todos os outros deuses, ele os "limpou". O pastor shintoísta conduz o harai para purificar uma pessoa, um lugar, um objeto, ou uma ocasião. Quando se diz Misogi-harai no shintoísmo, quer-se expressar o ato de purificação e também esta palavra composta é constituída de misogi, a purificação de uma pessoa através do banho na água, e "Harai". Os participantes de Misogi-harai não necessariamente devem banhar-se em água. Muito freqüentemente a purificação é feita solenemente por um pastor shintoísta, executando harai seguindo o estilo do Kojiki.

No Japão, esta cerimônia de purificação precede todo evento importante, ou função, e é também alternativamente chamada shubatsu. Por exemplo, se um novo prédio deve ser construído, uma cerimônia chamada jichinsai é executada. O objetivo desta cerimônia de harai é purificar os kamis na terra que eventualmente estejam agitados e purificar o local onde será erigida a construção. Da mesma forma um avião é purificado através do harai antes de seu vôo principal ou primeiro serviço. Também existe a grande procura para motoristas que desejam viajar seguramente pelas rodovias. Nestas cerimônias outras coisas também se purificam como o corpo e o espírito, o lugar e pecados cometidos inconscientemente e outras impurezas são removidas. Uma nova vida fresca é experimentada. Esta é uma diretriz um tanto simplista do significado de Misogi-harai.

Quando se fala, porém, de Misogi-Shugyo entretanto, deve-se conduzir a um austero exercício ascético através do banho no mar, no rio; ou ficando embaixo das águas descendentes de uma cascata. O objetivo deste exercício é seguindo a estória de Izanagi-no-Mikoto, purificar cada um através de seu esforço pessoal e tentar sentir-se filhos de Deus (Kami), tornando-se um ser humano pleno em sua forma ideal. Todas as coisas que impedem que nos cheguem às bençãos dos Kamis são removidas através da disciplina, e rigorosos exercícios, de forma que as pessoas possam receber o espírito infinito dos Kamis no corpo, e no espírito, desenvolver o espírito de tolerância e seguir o caminho reto em suas vidas. Este é o caminho de Kannagara ou o espírito do Kannagara (kannagara significando o espírito dos Kamis). Em outras palavras, kannagara é o espírito da coexistência e prosperidade de toda a humanidade. O Misogi-Shugyo é o mais curto e rápido caminho para se aproximar e assimilar a natureza divina dos kamis. Ô Sensei disse: "Aikidô é misogi shugyo.". Misogiharai no Shintoísmo é o ato de purificação dos três mundos existentes: o passado, o presente e o futuro. Seu propósito é nos perguntarmos se estamos nossa missão na terra, se nós estamos em harmonia com a natureza em nossas vidas diárias, e fazer-nos perceber que nós somos filhos de Deus (Kami).

Sumemioya Izanagi no Mikoto (O Deus Pai Ancestral da raça no Shintoísmo) executa o Harai (purificação) através do Misogi (a purificação do corpo e do espírito através do banho na água) e depois OHARAI (a grande cerimônia de purificação) em todos os Kamis do céu e da terra. Pelo fato da humanidade ser os seres superiores entre todos os demais da criação, o homem purifica-se de modo que ele possa viver em todo seu potencial e preencher seus deveres de acordo com Kannagara.

No Shintoísmo, é Misogi-harai que ocupa o lugar cerimonial no começo de qualquer nova atividade ou evento. Daí a idéia é purificar todos os egos que ascendem a sabedoria dos Kamis. O Egoísmo é mau, pecado, impureza e karma.

KAMI NO HIKARI

Kami No Hikari é a luz de Deus. É a força que ilumina a tudo, que esclarece, que traz entendimento.

Entretanto, somente se pode obter um espírito grandioso e limpo através da purificação.

KAMI

Kami é freqüentemente traduzido para o português como Deus. Ser divino é melhor e mais próximo do conceito original. Um dos maiores estudiosos do Shintoísmo, Motoori Norinaga, que viveu na mesma época que Kant na Europa, descreveu a palavra como "alguma coisa que pode inspirar deslumbramento e temor".

Teólogos ocidentais como Rudolf Otto identificaram-no como o *Mysterium Tremendum*, o tipo de religião que se baseia na percepção do divino como mais importante do que vê-lo. No Japão se diz "Yao yorozu no Kami" que literalmente significa: 80 milhões de Kamis. Isto significa que os Kamis são múltiplos e podem serem vistos em uma centena de lugares, coisas e pessoas. O Shintoísmo tem sido descrito como uma religião onde a humanidade e a divindade não estão separados e vistos como opostos. A palavra Shinto é uma composição de duas palavras: SHIN, significa espírito e TO, caminho. Shintoísmo significa o caminho dos Kamis.

Desde o despertar da história, a humanidade tem tentado estupidamente lutar contra si própria e contra sua própria natureza. Homem contra homem, grupos contra grupos e nações contra nações, nós temos insistido em lutar por séculos. Estas guerras não tem acontecido simplesmente por interesses políticos ou econômicos, mas também por razões acadêmicas, ideológicas e religiosas. Estas guerras tem acontecido em direções completamente opostas aos desejos dos "kamis", a presença manifesta da divindade no mundo.

Hoje nós vemos um mundo repleto de confusão, desunião e desespero. Mais de um terço da população mundial vive embaixo de uma ideologia que nega a existência dos "kamis" do Divino (de Deus). Mas mesmo neste mundo ateu, uma lacuna fica evidente, a necessidade de uma crença, especialmente entre os mais jovens. Por que as coisas são assim? São assim porque a humanidade tem se concentrado usando todo seu potencial para o desenvolvimento material, deixando de lado o desenvolvimento da dimensão espiritual. E para mudar esta situação, nós precisamos criar uma nova união das verdades e iluminações espirituais e realizar um renascimento da humanidade. Como nós podemos fazer isto? Nós somente poderemos fazer isto através da posse da sabedoria que nós podemos adquirir através da filosofia e para os shintoístas, filosofia, o amor a sabedoria, é o caminho em se seguir a vontade dos "kamis", o desejo do divino, de Deus. Praticar Aikidô é purificar-se, livrar-se das toxinas, das tensões e identificar-se com os kamis.

Nós detectamos como uma característica do século XX a proclamação de que "Deus está morto", feita por muitos filósofos e mesmo alguns teólogos. O verdadeiro valor da vida humana é distorcido pela ampla visão materialista da nossa civilização. Na confusão provocada pela sociedade moderna nós encontramos um homem limitado e distorcido em suas verdades, divorciado e hostil à natureza, ao universo, se concentrando apenas em uma desesperada busca de falsos valores, plenos prazeres, e ideologias bestiais e fanáticas.

O ASPECTO ESOTÉRICO DO AIKIDÔ

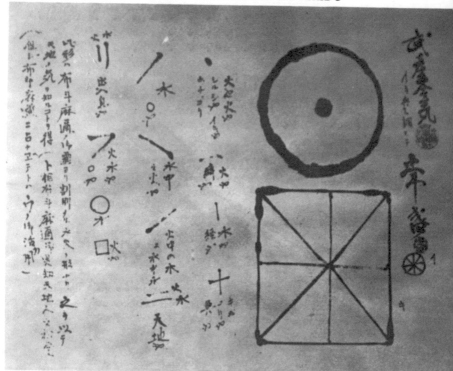

Segundo Itsuo Tsuda, neste desenho feito por Morihei Ueshiba está a essência esotérica Aikidô com as relações entre a água e o fogo, MI e KA. Ver a outra obra do autor "Aikidô O Caminho da Sabedoria".

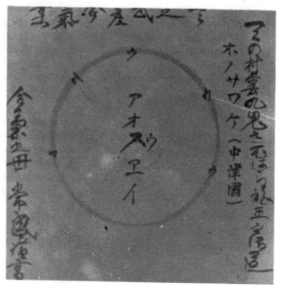

Os sons básicos do "Kotodama" (o espírito das palavras a essência do Shintô.

KANNAGARA NO MICHI

Kannara é o rio de Deus. O Fluxo de energia criativa que atinge o presente, o passado e o futuro. Foi deste conceito que nasceu a filosofia shintoísta. Ele não tem fundadores, tampouco escrituras. Ele baseia-se na realidade experimentada pelas pessoas, observada principalmente na natureza e em si próprio.

DAISHIZEN

Daishizen significa simplesmente "A Natureza em toda sua plenitude e grandeza" – não simplesmente sua imensidão e sua qualidade estética, mas no sentido científico, sua imensidão e totalidade do qual todos somos partes minúsculas. Quando nós falamos de Natureza, o que queremos dizer? Árvores e rios, montanhas e cascatas, rochas e desfiladeiros? É claro. Mas a biologia e a ecologia nos dizem como estas coisas vivem e se pertencem. Eles são sistemas nos quais o homem existe como um mini-sistema. Mas nossa vida depende e vive dentro deste sistema mais amplo. Sem ele, nós não existiremos. O homem é parte da natureza, não importa quanto ele tenta sofisticar ou tentar ampliar sua autonomia. Os psicólogos dizem que se não vermos suficientemente o verde da natureza, poderemos sofrer desvios. Se nós respirarmos ar poluído, ficamos doentes. Se vivermos de uma forma não natural, comemos comida de má qualidade, tratamos mal nosso corpo, ficamos doentes, com câncer por exemplo ou doenças cardíacas. A natureza e a nossa vida são uma coisa só. Isto é a percepção de daishizen.

Atualmente existe um importante movimento no mundo que visa valorizar a natureza. Mas seremos capazes de ver a natureza não como um objeto mas como que nós próprios, dela fazemos parte suscintas, dentro dela? Poderemos ver a natureza como PROCESSO, VIDA e DESENVOLVIMENTO? Poderemos nós falar da natureza como Deus, algo sagrado que está diante de nós? Se conseguir captar este significado, então o sentimento shintoísta está crescendo no leitor.

KANNAGARA

Kannagara é difícil mesmo para os japoneses de ser entendido. Kannagara refere-se ao estado de harmonia onde os Kamis, o homem e daishizen encontram-se em perfeita harmonia, paz e realização em seu processo criativo de realização. Kannagara é a percepção do puro, inquebrável fluxo de qualidade excelência e amplidão por si próprio. Kannagara, apesar de ser um aspecto do shintoísmo não é apenas uma visão do mesmo. Isto é, dizer que Kannagara reflete a verdade universal que todos percebem em seus sentimentos profundos. Kannagara tenta expressar em sua forma mais pura a visão profunda das religiões naturais, o que a natureza nos ensina a respeito de nós próprios.

Nós não podemos odiar o mundo em que vivemos, nem podemos continuar adiando a nós próprios. Nós não podemos ficar parados, balançando nossas cabeças em sinal de reprovação, e ficar criticando nós próprios. Hoje a metade da população no mundo, está morrendo de fome, enquanto a outra metade está morrendo de asfixia por falta de valores espirituais. Um escritor japonês famoso, uma vez disse que este século está experimentando a risada que chega no final de uma civilização. E, de fato, nossa risada vazia sem prazer espiritual parece ecoar selvagemente neste vasto universo solitário. Deus/Kami incorpora um mundo ideal no qual o homem deve viver de uma forma balanceada entre o mundo material e o espiritual. Contrariamente vivemos em mundo de excessos. Existe pouco ou nada em termos espirituais em nosso dia a dia, mas apenas uma excessiva ânsia por coisas materiais e isolamento.

Purificação shintoísta embaixo da cascata parte do "Misogi" Shintô. (Veja o praticante fazendo Furidama).

Local consagrado ao Kami "Sarutahiko" no templo de Tsubaki, no Japão.

KANNAGARA COMO UMA PURIFICAÇÃO

Para seguir Kannagara nós devemos estar sempre receptivos e renovados em nossa própria espontaneidade. No dia a dia shintoísta do Japão se vê pilhas de sal no lado de fora dos restaurantes, pessoas lavando a entrada de suas casas na manhã. Nas cidades, os grupos vão sempre se organizar para lavar as cercas de segurança nas estradas. O sal é um purificador e assim o Sumo Imperial joga sal antes dos embates no sumo. E em tudo o que se constata sempre um pastor é chamado para a cerimônia do oharai. Isto é feito pelo balancear de uma madeira com feixe de papéis em espiral na frente, chamado de harai gushi.

Nas purificações shintoístas pratica-se misogi como faziam os antigos japoneses nas montanhas embaixo das cascatas. Faz-se isto, não como no batismo cristão, apenas uma vez na vida, mas, precisa-se renovar o ser. A vitalidade é fortalecida e joga-se fora as poluições e males lavando-os e experimenta-se o fluir do poder natural. Isto tem provado que auxilia as pessoas, que auxilia a remover as tensões através do redescobrimento do infinito e do finito. "Religião é ter vida e reconhecer a vida em um sentimento imediato, somente como uma existência infinita e eterna".

Em termos de Kannagara, misogi ajuda-nos a encontrar nosso lugar no Daishizen. A Grande Natureza que é infinita e onde nosso ser está inserido. O problema da alienação do homem da natureza, uma das raízes de nossas crises modernas, pode ser grandemente resolvido através do exercício do contato do homem com a natureza. Todos os Kamis da mais básica forma de espiritualidade, a percepção do misterioso e o divino que nos envolve. Do choro de uma criança ou o canto de um pássaro, do trovão ou das cascatas. Aí reside o segredo da sobrevivência do shintoísmo e a continuidade de seu poder cultural.

Mas, além de um método puramente intelectual, o Shinto nos oferece vários meios de experimentar kannagara, o mais dramático (de um ponto de vista pessoal) através do misogi-shuho. Isto é explicado como a purificação da água. A água da cascata. Não existe batismo ou ritual que interprete esta experiência para você. Você fica embaixo da cascata, experimenta seus poderes massivos, une-se com seu espírito e poder e toma percepção da integração que existe de você com o Daishizen. Talvez você somente consiga ficar ali por alguns segundos até que você tenha apreendido os segredos da disciplina. Mas um segundo é suficiente para uma pessoa perceber os segredos da natureza para quem esteja aberto para isto. Misogi, por outro lado restaurava o brilhantismo de pureza de nossos corpos e espíritos e renova uma percepção sobre nós próprios e a interação com a natureza. O japonês usa a água de mil formas diferentes para trazer a limpeza e a pureza. Você verá centenas de taxistas e motoristas de caminhão limpando seus veículos todas as manhãs com água, o mesmo com os banhos tão populares. O mesmo sentimento de percepção pode-se sentir executando uma técnica de Aikidô.

Mas estas experiências domésticas são de conhecimento comum. A experiência prática do Misogi é que traz de fato esta percepção de integração com a natureza, e é o coração do shintoísmo e é a certeza da sobrevivência do shintoísmo através dos séculos. Ao lado das religiões de revelação e graça que fazem o homem transcender é importante descobrir a genuína religião da natureza, a religião profunda que existe nos homens. A percepção da verdadeira divindade que pode ser

O fundador trabalhando com a energia "KI" dos centros.

O Sensei demonstrando exercícios de Kotodama...

AMENOMINAKA NUSHI NO KAMI

*Amenominakanushinokami, é o Deus centro do Céu e da Terra.
É o Deus da Origem. Foi dele que surgiu tudo o que existe.*

encontrada no ponto mais alto da humanidade. Isto o Shintoísmo pode oferecer ao mundo de hoje.

A TOLERÂNCIA

Finalmente, o Shintoísmo tem uma virtude que o distingue, a Tolerância. Ele pode coexistir, ele pode ver seus mais altos ideais, como Kannagara, expressar em outras tradições, e pode ajudar as outras tradições para entendê-lo e a si próprios através do shintoísmo. Ele viveu ao lado do Budismo no Japão, pacificamente durante séculos de forma que as pessoas puderam se identificar com ele sem fazer escolha. Esta tolerância é baseada na crença que o senso comum mais alto que um homem pode almejar é, ou deve ser, evidente para ele mesmo. Como um grande pensador shintoísta chamado Motoori Norinaga (1730-1801) disse e escreveu, "Se ao homem fosse necessário ensinar atos de comportamento e moral, então ele seria menor que um animal, pois precisa ser treinado". Bem purificado, bem limpo, um homem pode sozinho atingir o seu máximo potencial e conhecimento. Este é o espírito do Shintoísmo.

Deus existe ou não? A resposta shintoísta para esta dúvida é que Deus, Kami é Espírito sem forma que está sempre presente no Céu e na terra. Quando interpretamos esta afirmativa, o Céu e a terra representam a totalidade do universo. O símbolo do universo é o espírito e este espírito é Deus/Kami.

TADA IMA

*Tada Ima significa somente agora. Somente existe este momento.
Não há duas situações ou instantes exatamente iguais, é importante, portanto
manter a atenção global no "aqui e agora", evitando pensamentos
ilusórios de realidade existentes apenas no pensamento.*

A HISTÓRIA DO AIKIDÔ

CRONOLOGIA DE O SENSEI, O FUNDADOR DO AIKIDÔ

1883 – 14 de dezembro. Nascimento em Tanabe, província de Wakayama, filho de Yoroku e Yuki Ueshiba.

1890 – Freqüenta a partir de setembro a escola de um templo da seita Shingon.

1893 – Pratica Zen em Homanji.

1895 – Ao ver seu pai membro do conselho municipal ser combatido por adversários, decide estudar artes marciais.

1897 – Ensina ábaco em uma escola local. Acometido de doença, pára de estudar mas seu interesse pelo Budo continua.

1901 – Vai a Tokyo pretendendo se tornar um grande comerciante. Pratica ao mesmo tempo Kito Ryu com Tobari Takisaburo. Volta brevemente para casa acometido de problemas cardíacos.

1902 – Se exercita todos os dias na Montanha, casa-se com Hatsu Itogawa.

1903 – Agora com uma consistência robusta, presta o serviço militar em Wakayama e toma parte em combates na guerra russo-japonesa.

1903-1906 – Em seu tempo livre pratica artes marciais.

1906 – Volta ao Japão.

1908 – Estuda Jujusto da escola Yagyu sob a direção de Tsuboi Masanosuke.

1911 – Participa de uma missão em HOKAIDO como chefe de grupo.

1912 – Encontra pela primeira vez Sokaku Takeda, é agora conselheiro municipal de Shirataki.

1916 – Recebe o Menkyo de Daitoryu das mãos de Sokaku Takeda, o grande mestre.

1917 – Nascimento de seu filho Takemori Ueshiba.

1919 – Seu pai fica gravemente enfermo, e ele encontra pela primeira vez com o reverendo Degushi.

1920 – Morte de seu pai. Inicia a prática do Budo com um sentido espiritual.

1921 – Nascimento de seu filho Kishomaru.

1922 – Utilização do termo "Aiki Bujutsu" ensinando o seu Budo para uma comunidade agrícola. Sua escola é conhecida como Ueshiba Ryu Aikibujutsu.

1924 – Ida a Mongólia com Degushi para fundar uma comunidade ideal "Um paraíso" liderado por Degushi. A expedição é um fracasso quase morrendo por fuzilamento.

1925 – Recebe a iluminação espiritual dentro do Budo. Pratica intensamente a arte da lança no estilo Hozoin.

1927 – Muda para Tokyo com a família e abre um dojo ensinando à família Imperial. Neste mesmo ano é visitado por Jigoro Kano, o fundador do Judô, que impressionado com a arte lhe envia três de seus melhores alunos para aprender a arte.

1931 – Se instala definitivamente no bairro de Shinjuku em Tokyo. Seu dojo recebe o apelido de "Jigoku Dojo" ("À academia do Inferno").

1936 – Os nomes de Aikibudo e Aikibujutsu são utilizados, e muitos dojos são abertos no Japão e na Manchúria.

1940 – A Kobukai se torna "Zaidanhojin Kobukai", ou fundação Kobukai. O Aikidô penetra nos meios militares e na elite dos comerciantes e das universidades.

1941 – Começo da guerra do Pacífico.

1942 – Todas as artes marciais do Japão são agrupadas na Butoku Kai. O Sensei se retira a Iwama. Kishomaru Ueshiba, seu filho, dirige o Dojo de Tokyo. O nome "Aikidô" é utilizado então pela primeira vez.

1944 – Fundação do Aiki Jinja (santuário em Iwama).

1945 – Fundação do Dojo à céu aberto em Iwama e fim da guerra.

1948 – O Sensei volta a praticar em Tokyo.

1952 – A prática do Aikidô se generaliza por todos os lugares do país.

1956 – Primeira demonstração pública de O Sensei e seus alunos.

1960 – Condecorado pelo Imperador por ter criado o Aikidô.

1961 – Primeira viagem ao exterior após a guerra com demonstrações no Hawai, inaugurando o Dojo local.

1964 – Condecorado com a Ordem do Mérito Japonês.

1969 – Morre a 26 de abril às 5 horas da manhã. Seus restos mortais se encontram depositados em cinzas no Kosanji em Tanabe, seus cabelos em Iwama (Aiki Jinja) no dojo de Kumano em Ayabe (Centro da Omoto Kyo) e no Dojo de Tokyo.

KISHOMARU UESHIBA – O DOSHU

AIKIDÔ

Os antigos livros de artes marciais japoneses contam que o AIKIJIUJITSU (a arte mãe do Aikidô) foi originalmente desenvolvido por MINAMOTO YOSHIMITSU, o terceiro filho de Minamoto Yoriyoshi que era descendente em 5ª geração do próprio imperador SEIWA. A família Minamoto era uma das mais influentes famílias do Japão naqueles tempos e de onde floresceram os mais famosos guerreiros. Na verdade acredita-se que Minamoto Yoshimitsu e seu irmão, Yoshiie, provavelmente, apenas aperfeiçoaram as técnicas guerreiras que já existiam no clã e eram propriedade da família, já por muitos anos passados, cujas origens se perdem no tempo. Minamoto distinguiu-se como famoso professor de lança (Sojutsu) e seu irmão Yoshilie como um arqueiro, além de ambos serem mestres em TAI-JUTSU (posteriormente Jujutsu).

O filho mais velho de Yoshimitsu, Yoshikiyo, mudou-se para a área conhecida como Kai e fundou uma nova ramificação da família denominando-a naquele tempo "Kaigenjitakeda". Kai, o local, Genji o nome original da família, e Takeda o novo nome da família. A família Takeda desenvolveu artes marciais de estilos próprios incluindo, a arte de cavalgar, lança, espada e técnicas de AIKIJIUJITSU. Ainda atualmente, as únicas escolas de arte de cavalgar no Japão são TAKEDA RYU e Ogasawara Ryu e ambas atribuem a Minamoto no Yoshimitsu como seu fundador.

Um dos mais famosos generais da família Takeda foi Takeda Shingen que enfrentou com sucesso o famoso Ieyasu Tokugawa que somente conseguiu derrotá-lo na batalha final graças a falta de ética dos guerreiros, usando armas de fogo pois a destreza dos guerreiros da família Takeda era inigualável e insuperável. Ferido na última batalha, Takeda Shingen designou a Takeda Kunitsugu que procurasse asilo com seu aliado, Ashina Moriuji, o governador do estado de Aizu. Desta maneira o clã Aizu acolheu Kunitsugu como professor de artes marciais e o Aikiujitsu passou a ser preservado nas mãos do novo clã, que passou a ser ensinado a seus samurais. As armas de fogo foram introduzidas no Japão em 1543 por Diego Zeimoto na comitiva de Fernam Mendes Pinto que chegou no porto de Tanegeshima, daí as armas de fogo terem recebido este nome (Tanegeshima). Pinto foi um dos primeiros ocidentais a visitar o Japão. Quando Pinto partiu 5 ou seis meses mais tarde, habilidosos armeiros japoneses já haviam fabricado 600 cópias e quando ele retornou ao Japão 13 anos mais tarde, como embaixador do governo português, já haviam 300.000 armas no país. Apesar das armas de fogo estarem sempre presentes na história japonesa da época Tokugawa, os modelos não avançaram além daquele trazido pelos portugueses no século 16. Desta maneira o DAITO RYU AIKIJIUJITSU (também conhecido como TAKEDA RYU AIKIJIUJITSU), desenvolveu-se na família Takeda e posteriormente foi transmitido ao clã Aizu por Takeda Kunitsugu. Este ramo da família Takeda, tornou-se conhecido como Aizu Takeda e ensinou a arte do Aijijiujitsu a gerações subsequentes dos samurais de elite do clã. Naqueles tempos era essencial ensinar à juventude o treinamento do corpo e da mente. Assim

89

Príncipe Yoshimitsu Saburo Shinra (Século XI)
O Criador da arte-mãe do Aikidô, o AIKIJIUJITSU.

em 1664 o clã Aizu estabeleceu uma escola denominada "Nisshinkan", e o local de treinamento. O ginásio foi construído em 1674. As artes marciais floresceram no clã Aizu como em nenhum outro lugar. Neste desenvolvimento foram selecionadas técnicas especiais denominadas "Otome Ryu" (Goshikiuchi), ou treinamentos secretos e eram ensinadas apenas aos mais altos níveis de samurais da época. Não era permitido que estas técnicas fossem ensinadas aos samurais de nível mais baixo dentro da hierarquia do clã. Estes métodos marciais dos Samurais do clã Aizu foram passados de geração em geração, de pai para filho, por 10 gerações recebendo aperfeiçoamentos constantes. No final do século 19 as pressões dos governos estrangeiros sobre o Japão para que houvesse a abertura das fronteiras ao exterior, fruto do imenso potencial econômico e do mercado do Japão, fez com que os estrangeiros apoiassem o imperador contra o shogun e aconteceu a guerra civil. O clã Aizu apoiou o Shogun e foi juntamente com ele derrotado, graças ao apoio externo. O chefe militar e herdeiro da tradição do Aikijiujitsu era TANOMO SAIGO, que derrotado e vendo seu clã praticamente exterminado passou a procurar um herdeiro digno de receber os ensinamentos secretos da arte.

Castelo do Clã Aizu

Durante as batalhas sua família pensou que ele estivesse morto e para evitar que o nome do Saigo fosse humilhado a família inteira se suicidou com mais de 21 mulheres e crianças. Mas Saigo sobreviveu e encontrou Shida Shiro, um homem de grande talento entre seus alunos e decidiu passar a ele sua arte. Assim adotou-o como filho com o nome de Saigo Shiro, que foi aquele com que se tornou conhecido. Saigo Shiro conheceu também Jigoro Kano que estava iniciando o desenvolvimento do Judô, que se interessou enormemente por Shiro uma vez que com suas técnicas de Aikijiujitsu ensinadas por Saigo Tanomo, entre as quais a famosa "YAMA ARASHI", ele derrotava os adversários. Jigoro Kano naquela época queria unificar os estilos de Jujutsu e para isto precisava convidar os professores dos outros estilos a derrotar seus alunos com o seus. Shida Shiro foi seu grande campeão e foi como por ironia, o Aikijiujitsu acabou sendo importante colaborador no estabelecimento do Judô como uma arte marcial superior. Porém chegou um momento que Shida Shiro tinha que assumir seu compromisso com Saigo Tanomo como herdeiro do Aijijiujitsu. Mas nesta altura sua amizade com Jigoro Kano, que era um grande líder, era muito forte, e tendo que decidir, optou por abandonar as duas artes dedicando-se ao arco e flecha. Tanomo ficou desconsolado, o Aikijiujitsu estava sem um sucessor.

Aí apareceu SOKAKU TAKEDA. Sokaku Takeda nasceu na província de Aizu e aprendeu Jujutsu com seu pai, que era um campeão famoso de sumô do clã.

Em sua juventude ele estudou também ONO HA ITTO RYU (esgrima e Jikishinkage Ryu (esgrima) tendo recebido o Menkyo Kaiden em ONO HA ITTO RYU (Certificado de graduação máximo na arte).

Célebre reunião de mestres das mais importantes escolas de Jujutsu promovida por Jigoro Kano em 24 de julho de 1906 para estabelecer os katas formais do Judô. Foi marcante a rivalidade entre as antigas escolas e o estilo emergente da Kodokan comandada por Kano. Jigoro Kano está de bigodes, no centro da foto.

Em junho de 1976 ele encontrou-se com Saigo Tanomo. Takeda era um dos mais formidáveis espadachins do Japão, tão terrível era sua técnica que recebeu o apelido de Tengu (demônio), vencia a todos que combatia.

Saigo decidiu ensinar a arte do Aikijiujitsu a ele e este seria o esperado sucessor. De 1880 até 1898, Sokaku Takeda viveu combatendo todos aqueles que despontavam como guerreiros famosos, e o interessante é que ele combatia na arma favorita de seu oponente. Se o adversário era hábil com lança, usava a lança, se a espada, usava a espada, era realmente um lutador fantástico.

Saigo Tanomo nesta época passou a dedicar-se ao shintoismo, se transformando em pastor shintoísta nos templos de Nikko Toshogu e Futarasan, da província de Tochigi. Mesmo sem ter um dojo normal, Sokaku Takeda ensinou a arte para mais de 30.000 pessoas inclusive a Duques, Ministros do Governo, Daimyos, e altos oficiais do exército e polícia.

Muitas histórias semelhantes a que será dita a seguir se contam que mostram quem era Takeda: em 1910 uma área rural que Takeda frequentava constantemente era aterrorizada por um bandido audacioso que mesmo as pessoas mais fortes não se atreviam a andar sozinhas à noite. A polícia a despeito de muito esforço não conseguiu perder o bandido. Repentinamente sem nenhuma razão especial, os roubos pararam. Investigações posteriores pela polícia encontraram o corpo do bandido na lama exatamente na trilha que Takeda costumava passar toda noite.

Na realidade Sokaku Takeda representa a ligação entre nossos tempos e os tempos dos samurais, foi ele na verdade quem divulgou o Aikijiujitsu para a população fora do fechado clã Aizu.

ONISABURO DEGUSHI na década de 40.

Em 1912, Sokaku Takeda encontrou Morihei Ueshiba, que havia nascido em 14 de dezembro de 1883 no distrito de Motomachi na cidade de Tanabe de prefeitura de WAKAYAMA. Ueshiba que originalmente se chamava MORITAKA, desde pequeno se interessava por religião, daí ter sido encorajado por seus pais a praticar artes marciais, praticando Sumô e natação.

Degushi foi uma importante figura dentro da vida de Morihei Ueshiba e do próprio Aikidô. Degushi era mongol que se naturalizara japonês, ele era muito inteligente e conheceu Nao Degushi que era uma vidente que foi a fundadora da Religião Omoto. Não após uma longa vida de miséria financeira, aos 56 anos entrou em um transe profundo e começou a ter revelações espirituais passando a escrevê-las de uma forma automática durante o transe. Porém, era analfabeta e ignorante, como aquilo seria possível? Nos escritos haviam planos para a salvação e reconstrução do mundo. A religião que ela surgiu denominou-se OMOTO (a grande origem). A religião começou a ter inúmeros seguidores e como condenasse o militarismo que nascia no Japão, foi perseguida brutalmente pelo governo nos incidentes de 1921 e 1935. Degushi (Kisaburo Ueda) se tornou professor primário com 12 anos. Acabou se casando com a irmã de Nao, Sumiko, em 1900 e assumiu o nome de Onisaburo Degushi. Depois da morte de Nao em 1918, passou a ser a figura central da religião. Ele encontrou Morihei Ueshiba em 1919 è o influenciou enormemente, pois o encontro aconteceu em uma situação dramática quando o pai de Ueshiba estava a morte e disseram que Onisaburo podia salvá-lo, por outro lado, Morihei desde a infância era uma pessoa religiosa.

A religião Omoto, na realidade está impregnada de shintoísmo, que é a religião verdadeira do povo japonês. O shintoísmo tem como princípio que o homem tem natureza divina, mas, por razões comportamentais fica "sujo", e é necessário "Limpar" o homem destas impurezas (tsumi), através do Misogui (purificação), que consta de um treinamento austero (shugyo). Também o shintoismo diz que a energia se manifesta em espirais e que o homem deve realizar a união vertical (tate mussubi) e a união horizontal (yoko mussubi). Segundo o shintoismo o homem deve se integrar com a grande natureza (Daishizen), com o Universo, para poder recuperar sua pureza e consequente divindade.

Morihei Ueshiba que até então somente via o Daito Riu Aikijiujitsu uma forma de combate, começou a perceber que as técnicas marciais que praticava e ensinava, poderiam ser usadas como um shugyo, para se realizar o Missogui (a purificação) do homem e assim se harmonizar com o Universo. Foi aí que começou a idéia do Aikidô. O ponto culminante para a inspiração do fundador aconteceu quando um espadachin atacou a Ueshiba com um Bokken (espada de madeira), e por mais que este se esforçasse não conseguia atingir ao Ueshiba que se esquivava, e o processo assim continuou por minutos até que o espadachin decidiu interromper os ataques por cansaço, sem atingir ao fundador do Aikidô. O espadachim foi embora e o Sensei, como é chamado pelos praticantes de Aikidô (grande professor) sentou-se em um jardim. Repentinamente começou a sentir uma sensação estranha, parecia que raios dourados saíam da terra e envolviam seu corpo, ele podia entender o canto dos pássaros, a natureza se revelava para ele de forma nunca antes experimentada. Aí acreditamos, Ueshiba percebeu que os movimentos marciais que executara serviam para levá-lo aquele sentimento de iluminação espiritual. Ueshiba

MORITERU UESHIBA, o neto do fundador e futuro Doshu.

então passou a modificar os Katas do Aikijiujitsu de forma a transformá-los em técnicas mais suaves que poderiam ser praticadas por qualquer pessoa, para que servissem como um exercício físico psicológico e espiritual e não apenas como uma arte de guerra para liquidar o oponente, nascia o Aikidô. Em 1942 juntamente com seu filho Kishomaru, fundou o Aikidô em todo o mundo. Deixando a direção organizacional nas mãos do filho, foi para Iwama, e lá construiu o Aiki Jija (o templo dedicado ao Aikidô), e pediu ao pastor chefe do templo de Tsubaki que consagrasse o templo a Sarutahiko o Kami, e assim foi feito.

Daí surgiu o conceito de Takemussu Aiki. Takemussu segundo os antigos livros xintoístas é a arte marcial dos deuses, cujos movimentos são divinos em perfeita sintonia com o universo, e Aikidô é Takemussu por Excelência.

Voltando na história o Sensei foi visitado pelo fundador do Judô, Jigoro Kano que admirado com a técnica que via exclamou: "é este o judô de que falo". Em seguida mandou que 3 de seus melhores alunos fossem praticar com Morihei Ueshiba, entre eles estava Kenji Tomiki, que chegou à 9º Aikidô com competição, semelhante ao sistema usado no judô. Para Tomiki, Aikidô era um judô à distância. Por esta razão é que os praticantes de judô conseguem aprender Aikidô rapidamente. A semelhança das artes em sua essência é muito grande, apesar dos katas serem diferentes.

Posteriormente à morte do Ueshiba em 1969 alguns mestres do Japão separaram-se do Aikikai a organização oficial, e formaram organizações independentes, porém todas sem expressão. O Aikikai é a organização oficial no Japão reconhecida pelo Ministério da Educação Japonesa. No Brasil existem duas organizações oficiais ligadas ao Aikikai, o INSTITUTO TAKEMUSSU, e a FEPAI. O Instituto Takemussu foi reconhecido pelo CND como a entidade que deve cuidar do Aikidô tradicional não competitivo com sede à rua Jussara, 145, fone 275-4734 e 274-3693.

A FEPAI (Federação Paulista de Aikidô) decidiu criar competições e filiar-se a Federação de Pugilismo sendo oficialmente responsável pelo Aikidô competitivo, apesar de que na prática também não faz competições, pois isto seria contrariar os princípios estabelecidos pela Federação Internacional (o AIKIKAI), que tem como um dos seus princípios básicos a proibição das competições. De qualquer forma, a pontuação nas competições estabelecidas pela FEPAI foi simplesmente criada para se adaptar a legislação brasileira e pode registrar-se como órgão oficial. O Instituto Takemussu posteriormente, graças a visão do eminente professor Manoel Tubino, presidente do CND, conseguiu seu reconhecimento na forma original, ou seja, sem competições.

KOKIU NAGUE
Uke: André Erdei

BIOGRAFIA DO FUNDADOR

Dentre todas as biografias que o autor leu, a feita por John Stevens, aikidoísta e monge budista, parece ser a mais completa.

"Morihei Ueshiba, fundador do Aikidô, nasceu em 14 de dezembro de 1883, numa família de agricultores, em uma área da Prefeitura de Wakayama, conhecida hoje como Tanabe. Ele foi o quarto, e único filho, entre cinco crianças. De seu pai Yoroku, um homem muito forte, Morihei herdou a determinação de um samurai e o interesse por serviços públicos, e de sua mãe Yuki, ele herdou o intenso interesse em religião, poesia e artes.

O garoto no início era fraco e doentio, dando preferência a leituras dentro de casa a brincadeiras lá fora. Em torno dos oito anos de idade, Morihei começou a aprender os clássicos chineses sob a orientação de um padre shingon, mas era mais fascinado pelos rituais esotéricos do Budismo. Ele adorava ouvir as lendas miraculosas sobre os santos En no Gyoja e Kobo Daishi, que passaram parte de suas vidas no distrito sagrado de Kumano, perto da casa de Morihei. Morihei pensava em tornar-se um monge budista, algum dia.

Como um antídoto aos sonhos de seu filho, Yoroku, contava-lhe as aventuras de seu avô, bisavô de Morihei, Kichiemon, tido como um dos mais fortes samurais da sua época, e encorajava o menino a praticar sumô e natação.

Morihei largou o ginásio no primeiro ano – as aulas o aborreciam e sua energia pedia algo mais prático. Muito bom em Matemática, Morihei ingressou numa academia de Soroban (ábacos); e em menos de doze meses já era instrutor-assistente. Ainda muito jovem, Morihei empregou-se como assessor de um escritório de coleta de impostos. Ele era um excelente trabalhador, mas durante seu período de trabalho, foi obrigado a administrar um novo imposto dirigido aos agricultores e pescadores. Convencido de que as regulamentações eram muito injustas, ele indignou-se e veio a se tornar líder de um movimento de protesto, o que desagradou muito seu pai, membro do conselho. Yoroku deu a ele uma soma substancial de dinheiro, dizendo "Pegue isto e tente encontrar algo que você realmente goste de fazer".

Tendo esperança em tornar-se um grande comerciante, Morihei foi para Tokio em 1901. Ele conseguiu abrir uma pequena loja de suprimentos, mas o comércio o agradava tanto quanto a administração de impostos e em poucos meses ele fechou sua loja. Durante sua breve estadia em Tokio, Morihei descobriu que tinha muita afinidade com as artes marciais, tendo enorme prazer nos seus estudos de Jujutsu, no dojo Kito-ryu e de técnicas com espada no centro de treinamento do Shinkage-ryu. Um caso grave de beri-beri, obrigou-o a voltar para casa. Pouco depois, aos dezenove anos, ele casou-se com Itogawa Hatsu.

Morihei recuperou rapidamente sua saúde, mas estava perdido quanto ao seu futuro. As relações entre a Rússia e o Japão estavam muito ruins, então o jovem impetuoso decidiu alistar-se no exército, em busca de aventura. Infelizmente, Morihei, que media apenas 1m50cm, estava um pouco abaixo da altura mínima exigida. Extremamente determinado, ele ficou vários meses treinando sozinho nas monta-

42 anos

38 anos

39 anos

Fotos históricas de Ô Sensei

nhas, dependurando-se pelos braços com pesos nas pernas e praticando outros exercícios para expandir sua coluna o centímetro necessário.

Morihei foi aprovado no teste físico na tentativa seguinte, e em 1903 ingressou na infantaria. A incansável energia do jovem soldado chamou a atenção dos seus superiores e ele foi promovido rapidamente. Morihei era respeitado pelo seu afinco nos treinamentos e sua incrível técnica nas lutas com baionetas. Ele serviu com distinção na Manchuria durante a Guerra Russo-Japonesa de 1904-5, mostrando pela primeira vez sua habilidade incomum em antecipar um ataque – ele dizia que podia sentir quando uma bala estava vindo em sua direção mesmo antes dela ser disparada – e seu comandante quis recomendá-lo para admissão na Academia Militar Nacional. Por várias razões, Morihei desistiu de sua indicação. Durante os quatro anos de exército, Morihei melhorou muito sua condição física, tornando-se muito forte, e conseguiu seu primeiro Menkyo, licença para dar aulas, da arte marcial de Nakai Masakatsu, do Yagyu-ryu. (O dojo ficava em Sakai, um subúrbio de Osaka, onde Morihei vivia.)

Morihei retornou para sua vida familiar na agricultura, mas continuava inquieto. Irritadiço e de temperamento forte, quase maníaco-depressivo, ele começou a agir de modo estranho – trancando-se em seu quarto por horas para rezar, levantando-se no meio da noite para banhar-se com água fria, retirando-se para as montanhas por dias inteiros. Preocupado com o comportamento esquisito de seu filho, Yoroku construiu um dojo na propriedade e convidou o famoso professor de Jujutsu Takaki Kiyoichi para dar aulas. Morihei atirou-se nos treinamentos, e sua disposição melhorou consideravelmente.

Durante este período, Morihei se influenciou pelo famoso mestre Minakata Kumagusu (o qual, incidentalmente, estudou por vários anos nos Estados Unidos e Inglaterra). Kumagusu era um opositor de consolidar os pequenos templos Shinto sob a jurisdição dos maiores, principalmente porque ele entendia que os sentimentos dos moradores locais seriam ignorados. Morihei apoiava a posição de Kumagusu, escrevendo petições, cartas de protesto aos jornais, organizando demonstrações e etc. O envolvimento de Morihei nestas tarefas aumentou seu interesse em política nacional; quando o governo recrutou voluntários para colonizarem as terras subdesenvolvidas de Hokkaido, Kumagusu encorajou-o em considerar as possibilidades, especialmente sob a luz das futuras necessidades de alimentos do Japão. O espírito pioneiro de "criar algo do nada" apelou para Morihei, e ainda mais, haviam na pequena cidade muitos agricultores e pescadores desempregados. Foi organizado um encontro na cidade, e mais de oitenta pessoas emigraram em massa. Na primavera de 1912, Morihei, aos vinte e nove anos, com sua esposa e sua filha de dois anos, liderou o grupo para a mata de Hokkaido.

O grupo fixou-se numa área frígida a noroeste da ilha, perto da vila de Shirataki. O início foi difícil – ninguém sabia como plantar batatas, e antecipar geadas, verões frios e invernos tão rigorosos que se sucederam por três anos. Tendo que sobreviver com vegetais selvagens e peixes, muitos pioneiros regressaram para suas casas, e não hesitaram em culpar Morihei por seu disfortúnio. Felizmente, as circunstâncias melhoraram com a alta procura por madeira e a vila prosperou. Um incêndio que destruiu o distrito central foi um trágico incidente, mas graças aos incessantes esforços de Morihei, tudo foi reconstruído em um ano. Ele foi eleito para o conselho da vila e e a respeitosamente conhecido como o "Rei de Shirataki".

O evento mais significativo da estada de Morihei em Hokkaido foi seu encontro com Sokaku Takeda, grande-mestre do Daito-ryu Aiki-jutsu.

Por tradição, o Daito-ryu foi fundado em 1100 A.D. por Minamoto (Genji) Yoshimitsu, descendente da sexta geração do Imperador Seiwa. O filho de Yoshimitsu, Yoshikiyo, mudou-se para Koga (atualmente Prefeitura de Yamanashi) e fundou o clã Takeda; a arte era transmitida secretamente entre membros da família, de geração a geração. Em 1574, Kunitsugu Takeda mudou-se para Aizu (Prefeitura de Fukushima) onde as técnicas especiais "Oshiki-Uchi" (também conhecidas como o-dome) foram ensinadas exclusivamente aos mais elevados samurais do Aizu-han pelos próximos trezentos anos.

Atualmente, a origem do Daito-ryu parece menos antiga e mais prosaica. Soemon Takeda (1758-1853) ensinava um sistema conhecido como Aiki-In-Yo-Ho, "o sistema Aiki de Yin e Yang", o qual ele passou para Tanomo Saigo, chefe dos servos do "Senhor" de Aizu. Saigo também havia treinado as técnicas de espada Misoguchi-ryu e a ciência militar Koshu-ryu. Os samurais de Aizu eram sustentadores irreversíveis do antigo regime militar e resistiam bravamente ao novo governo Meiji, estando entre os últimos a renderem-se em 1868. Certos de que Tanomo havia sido morto na batalha final com as forças imperiais e determinados a preservar a honra do nome Saigo, sua mãe, sua esposa, suas cinco filhas e outros quatorze membros de sua família cometeram o suicídio. Entretanto, a vida de Tanomo fora salva; após esta tragédia, ele serviu como monge shintoísta em vários distritos e adotou Shiro Shida como filho-discípulo. O extremamente talentoso Shiro graduou-se nas técnicas Oshiki-Uchi, aplicando-as mais tarde, com grande efeito na recentemente fundada Kodokan, escola de Judô de Jigoro Kano. Em um torneio aberto em 1889, o instrutor-assistente Shiro dominou todos os adversários com uma técnica Oshiki-Uchi conhecida como Yama-Arashi (Tempestade da Montanha), assegurando assim a reputação da escola Kodokan. (A história de Shiro foi ficcionalizada nas populares séries de novelas e filmes de Sanshiro Sugata.). Pouco mais tarde, entretanto, Shiro – provavelmente indeciso entre sua dívida com seu pai adotivo e seu respeito por Jigoro – abandonou a prática de ambos sistemas, mudou-se para Nagasaki, e devotou-se ao tiro com arco e flecha clássico (Kyudo) o resto de sua vida.

Felizmente, o idoso Tanomo tinha outro grande discípulo; Sokaku Takeda (1860-1943), neto de Soemon. (Uma vez que o pai de Sokaku, Sokichi, decidiu-se ao sumô, no lugar do Aiki-In-Yo-Ho, a tradição da família passou temporariamente para um "membro de fora").

Sokaku não era novato; ainda muito jovem ele havia conseguido a licença para dar aulas de Ono-ha Ittoryu – técnica de espadas, assim como havia estudado com o "santo-espadachim" Kenkichi Sakakibara do Jijishin-Kage-ryu. Um espadachim do demônio, Sokaku "transtornou" dojos por todo país, metendo-se em milhares de combates. Ele quase nunca perdia. Ele documentadamente teve mais do que uma batalha com a espada verdadeira; certa vez envolveu-se numa briga com um grupo de trabalhadores de construção e matou sete ou oito deles.

Quando Tanomo transmitiu seu último conhecimento para Sokaku em 1898,

39 anos

Fotos históricas da vida de Ô Sensei

42 anos

52 anos

ele lhe disse, "O caminho da espada acabou; daqui em diante faça com que estas maravilhosas técnicas sejam conhecidas em todo lugar".

Sokaku modificou as técnicas Oshi-Uchi baseado nos seus longos anos de experiência-prática; ele denominou seu novo sistema como "Daito-ryu Aiki-jutsu", e deve por direito ser considerado seu fundador.

Agora um mestre invencível de Aiki, Sokaku viajava por todo lado, atraindo um grande número de discípulos; ele era reputado por ter tido perto de trinta mil discípulos e praticamente todos os "budokas" de renome daquela época foram seus alunos de um modo ou de outro. Um deles foi um ocidental, um americano chamado Charles Perry.

Em 1903, Perry, um professor de inglês da escola secundária em Sendai, viajava de trem e pediu ao condutor que verificasse o bilhete de primeira-classe do homem vestido como japonês. Quando Sokaku quis saber porque somente ele havia sido requisitado para mostrar o bilhete, o condutor disse-lhe que o cavalheiro americano duvidava que ele pertencesse a aquele carro. O nervoso Sokaku pôs-se em pé e foi até Perry pedir explicações. Perry levantou-se, certo de que seus 1,82 metros de altura iriam intimidar o pequeno Sokaku. Sokaku agarrou os dois pulsos de Perry e aplicou o que os estudantes atuais de Aikidô conhecem como "Yonkyo"; a dor fez com que Perry ajoelhasse e então Sokaku atirou-o para o fim do carro. Após desculpar-se humildemente, Perry pediu permissão para poder aprender um pouco da arte. A história segue de tal modo que mais tarde Perry relatou este encontro e detalhes de seus estudos com Sokaku ao Departamento de Estado em Washington; Teddy Roosevelt soube da história e pediu que alguém fosse enviado para ensinar nos Estados Unidos. Shinzo Harada de Sendai foi enviado para os Estados Unidos por alguns meses e é bem provável que um Presidente dos Estados Unidos tenha pessoalmente tomado conhecimento dos mistérios do Aiki antes de Morihei Ueshiba.

Sokaku nunca teve um dojo próprio permanente, preferindo atrair discípulos em encontros do tipo que teve com Perry, em disputas com mestres de Kendo e Judo – o perdedor tornava-se pupilo do ganhador – e em demonstrações formais. Sokaku segurava um pedaço de papel torcido e pedia a um voluntário para segurar na outra ponta; de repente a pessoa que segurava o outro lado do papel estava caída no chão. Então Sokaku pedia que amarrassem suas mãos firmemente nas costas, e convidava os participantes para tentarem derrubá-lo; independentemente da maneira que eles tentassem ou da direção que viessem, eles não conseguiam derrubá-lo; pelo contrário, cada um deles acabava caindo no chão. Por fim, ele pedia a todos presentes para agarrá-lo ao mesmo tempo, e em um instante eram arremessados voando. Outro truque favorito dele era ser levantado nos ombros de cinco ou seis dos mais altos espectadores; Sokaku de algum modo fazia-os cairem com ele por cima e eles permaneciam ali imóveis até que ele os deixasse levantar. Desnecessário dizer que, muitos dos espectadores tornavam-se alunos de Sokaku após estas performances impressionantes.

Morihei conheceu Sokaku em 1915 numa estalagem em Engaru. Embora Morihei fosse muito forte – uma ocasião ele foi confundido com Sokaku pois eram muitos parecidos fisicamente – ele não era páreo para o mestre do Daito-ryu. Imediatamente deixando tudo de lado, Morihei ficou na estalagem estudando com

ONISABURO DEGUSHI

O líder espiritual que influenciou O Sensei

SOKAKU TAKEDA

O professor de Aikijiujitsu de Morihei Ueshiba, o criador do Aikidô.

Sokaku por um mês (os amigos deixados em Shirataki pensavam que ele tivesse morrido numa nevasca). O mínimo exigido para o certificado Shoden Mokuroku de 118 técnicas básicas. Quando de seu retorno para casa, Morihei construiu um dojo em sua propriedade e convidou Sokaku para viver lá. Em 1917 Morihei começou a acompanhar Sokaku em viagens para seminários, tendo mandado sua família de volta para Tanabe em Wakayama devido ao frio intenso.

Em 1919, chegaram notícias de Tanabe sobre o grave estado de saúde de Yoroku, então com 76 anos; Morihei vendeu algumas propriedades em Shirataki, deixou as restantes para Sokaku, e partiu de Hokkaido. No caminho de volta para casa – uma viagem de dez dias naqueles tempos – Morihei impulsivamente parou em Ayabe, centro da nova religião Omoto-kyo sobre a qual ele ouvira falar muito, para pedir a ajuda de um sacerdote pela melhoria do estado de saúde de seu pai. Ali ele conheceu Onisaboro Deguchi, mestre supremo da religião, que lhe disse, "Seu pai estará melhor no lugar para onde ele está indo".

A atmosfera "do outro mundo" de Ayabe envolveu Morihei e ele permaneceu ali por três dias antes de continuar a viagem. Quando ele chegou em casa, descobriu que seu pai havia partido para um "lugar melhor" como Onisaburo havia previsto. Extremamente desolado e muito confuso, Morihei praticamente não comeu ou dormiu nos próximos três meses; toda noite ele ia para as montanhas e exercitava-se loucamente com sua espada até o dia amanhecer. Finalmente, ele anunciou sua intenção de vender a terra de seus ancestrais, mudar-se para Ayabe e estudar Omoto-kyo.

Como muitas outras religiões novas do Japão, a Omoto-kyo, "O Ensinamento da Grande Origem", era uma mistura de mitologia Shinto, shamanismo, cura pela fé e culto a personalidade, e encontrava-se no auge de sua popularidade, com mais de dois milhões de adeptos. Foi fundada por Nao Deguchi, uma mulher do campo semi-analfabeta, cuja vida no início não foi outra coisa senão pura miséria. Extremamente pobre desde o nascimento, ela foi forçada a trabalhar como criada aos dez anos; seu casamento com o agricultor mais pobre da região foi trágico e dos seus oito filhos, três morreram na infância, dois fugiram de casa e dois ficaram loucos. Após a morte de seu marido, quando ela tinha trinta anos, Nao foi obrigada a vender farrapos para viver. Em 1892 ela teve uma "revelação" de Tenchi-kane-no-kami, o Grande Deus do Universo, de que um Messias seria enviado para estabelecer o Reino de Deus na terra e que ela deveria ser sua profetisa.

Em 1898, Nao conheceu Kisaburo Ueda, um jovem inteligente, que dizia ter conseguido abandonar seu corpo, viajar por todas as regiões do mundo espiritual e aprender todos os segredos do cosmos. Nao reconheceu Kisaburo (que mais tarde mudou seu nome para Onisaburo) como o salvador prometido, e após o casamento de Onisaburo com a filha de Nao, Sumiko, eles iniciaram juntos a seita religiosa.

Quando Morihei anunciou sua decisão de mudar-se para Ayabe e estudar Omoto-kyo, todos seus amigos e sua família, inclusive sua esposa, pensaram que ele estava louco. No entanto, ele não podia ser detido, e na primavera de 1920 ele e sua família alugaram uma casa perto do principal templo Omoto-kyo. (Este ano foi sem dúvida o pior na vida de Morihei. Além da morte de seu pai e da dolorosa decisão de abandonar sua casa em Tanabe, dois de seus filhos, Takemori com três

Nao Degushi - a fundadora da religião Omoto.

anos e Kuniharu com um ano, contraíram um vírus e morreram num intervalo de três semanas. Seu único filho vivo, Kisshomaru, nasceu em 1921.)

Nos oito anos seguintes Morihei foi assistente de Onisaburo, ensinou budo no "Ueshiba Juku", comandou o corpo de bombeiros local, trabalhou no campo e estudou as doutrinas da Omoto-kyo, especialmente Chinkon-kishin, "acalmar o espírito e retornar ao divino".

Onisaburo era um pacifista e advogava um desarmamento universal. Ele uma vez disse: "Armamento e guerras são os meios pelos quais os proprietários de terras e os capitalistas realizam seus lucros enquanto o pobre deve sofrer. Não existe no mundo nada mais maléfico do que a guerra e mais desnecessário que os armamentos".

Porque ele recebeu Ueshiba tão bem e construiu um Dojo para ele e recomendou aos seguidores da religião Omoto que fossem seus alunos? Isto se deve ao fato de que Onisaburo chegou à conclusão de que o propósito de Ueshiba na terra era "de ensinar o verdadeiro significado do budo, um caminho para eliminar todo tipo de lutas e competições. Onisaburo estava sempre em constante envolvimento problemático com as autoridades devido a seu posicionamento pacifista e também por sua crença que ele era o salvador do mundo e que portanto devesse ser proclamado imperador para dirigir o estado japonês. Em 1921 ele foi preso e teve sua prisão relaxada alguns meses mais tarde devido à anistia geral proclamado após à morte do Imperador Taisho. Em 1924, Onisaburo planejou a fundação de um "Reino Divino Na Terra" na Mongólia, local da nova Jerusalém, com a ajuda de vários grupos religiosos chineses e coreanos, fechados. Onisaburo acreditava que se conseguisse unificar a Ásia dentro de uma grande tradição espiritual fatalmente todo o mundo poderia ser organizado em uma associação de amor e fraternidade sob sua própria direção. Desde que Onisaburo estivesse sempre debaixo de contínua vigilância policial, um grupo em 5 pessoas tendo Ueshiba como guarda costas partiu praticamente em segredo para a Mongólia. Chegando na China em fevereiro, Onisaburo anunciou-se como o Dalai Lama, encarnação de Maitreya Buddha porquem todos estavam esperando. Porém seus anfitriões chineses não estavam nada impressionados, e somente após muitas dificuldades e aventuras (nas quais as habilidades de Ueshiba em evitar balas foi muito importante) foi que o grupo pode chegar ao seu destino. Porém o grupo de alguma forma deixou alarmado os proprietários das terras no local escolhido por eles que prontamente o aprisionou colocando as pessoas em correntes e as enviou para um pelotão de fuzilamento. Felizmente algumas horas antes da execução o cônsul japonês interveio e Onisaburo, "o Salvador" e seus seguidores foram salvos nos últimos instantes da morte. Os membros desta fantástica expedição foram recebidos como heróis em seu retorno em julho do mesmo ano.

Em 1935, Onisaburo, sua mulher e cincoenta dos seus seguidores mais próximos foram presos e sentenciados a prisão perpétua. Todos os prédios onde funcionava a organização Omoto foram dinamitados e o movimento reprimido em sua totalidade.

Em 1942 Onisaburo foi solto e durante os 6 últimos anos que viviam a seguir até sua morte foram usados para estudar, fazer poemas, e arte em porcelanas. A Omoto-kyo foi revivida após à guerra mas nunca mais se recuperou do impacto da

A viagem para a Mongólia Deguchi como líder, Ueshiba no canto direito (41 anos).

Saigo Tanomo, o professor de Aikijiujitsu de Takeda.

Na expedição da Mongólia Morihei Ueshiba (acorrentado no centro da foto) e todo o grupo foi preso e condenado à morte.

58 anos

50 anos

Fotos históricas da vida de Ô Sensei

68 anos

Fotos históricas da vida de Ô Sensei

morte de Onisaburo, o líder carismático. Atualmente o número total de seguidores está em torno de 200.000.

O estudo da religião Omoto e sua associação com Onisaburo afetaram profundamente a vida de Ueshiba. Mesmo sua relação com o mestre Sokaku Takeda, seu professor, foi alterado. Em 1922, Morihei convidou Sokaku para Ayabe para uma estada de 6 meses, e Sokaku deu-lhe permissão para atuar como seu instrutor (Shihandai) de Daito-ryu Aikijiujitsu. Pelo menos vinte outros alunos de Takeda receberam esta mesma permissão para ensinar e Morihei Ueshiba nunca recebeu, formalmente a transmissão completa (Soden) das técnicas secretas de Daito-Ryu Aikijiujitsu. Morihei dizia que enquanto Sokaku Takeda abria-lhe os olhos para a essência do Budo, sua iluminação veio através de suas experiências na religião Omoto. Onisaburo foi quem aconselhou a Morihei de iniciar a sua própria tradição desde que os métodos do Daito-ryu eram exageradamente orientados para o combate e não poderiam ser utilizadas como um meio de unir o homem a Deus e promover a harmonia entre todas as pessoas.

Desde o princípio, os dois sistemas se diferenciavam em sua teoria e prática. De qualquer forma Sokaku continuou a visitar Ueshiba até os últimos dias de sua vida cuja morte ocorreu em 1943, mesmo depois de Ueshiba ter seu próprio centro de treinamentos em Tokyo. Morihei sempre pagou as contas e tratou seu mestre com todo o respeito, porém sem entusiasmo pois tinha outros ideais. Sua estada na China com Onisaburo também tiveram grande efeito em Morihei. Após seu retorno a Ayabe, ele treinou muito mais intensamente que antes, armando por exemplo, seus alunos com espadas reais e pedindo a eles que o cortassem em dois pedaços. No plano espiritual, os treinamentos também estavam presentes. Todas as manhãs às 11 horas a sala de estar de Ueshiba vibrava violentamente com um som forte que Ueshiba produzia ao rezar no altar de sua casa entre outros exercícios com finalidades de purificação espiritual.

Em uma manhã de primavera em 1925, um instrutor de Kendo desejando testar a reputação de Ueshiba foi visitar seu Dojo em Ayabe. Este oficial decidiu atacá-lo e Ueshiba usando de seu sexto sentido desviava instantaneamente dos ataques deste oficial experimentado. Depois que o oficial se foi, Morihei dirigiu-se a seu jardim para descansar. Repentinamente ele sentiu-se como que banhado por uma luz divina, o chão pareceu-lhe tremer como se uma onda brotasse do chão e entrasse em seu corpo. Morihei imaginou que ele havia sido transformado em um ser divino que preenchia o espaço e a barreira entre o mundo material e o espiritual foi por ele vencida. "Eu Sou o Universo", dizia Ueshiba. Ele concluiu que o verdadeiro significado do Budo é o amor, amor este que nutre e cuida de todos os seres. Morihei nesta época tinha 42 anos de idade. Seu Dojo em Ayabe, o Ueshiba-juku foi originalmente criado para receber os devotos da religião Omoto, mas como a fama de Ueshiba houvesse se espalhado para outras pessoas fora da religião, muitos militares pediram o ingresso em seu Dojo. O caso de Kenji Tomiki, um judoca famoso e que mais tarde formou seu próprio estilo é típico desta fase. Quando alguns alunos de Ueshiba disseram a Tomiki que fossem conhecer seu mestre, Tomiki disse que seus colegas iriam rir dele se soubessem do encontro pois achava que a fama de Ueshiba era fanfarronice. Os alunos prometeram não revelar a ninguém o encontro e ele foi. Tomiki foi introduzido a Ueshiba e instantaneamente avançou contra

Fotos históricas da vida de Ô Sensei

ele, e sem perceber como, acabou sendo seguro, derrotado no chão. Ele pediu uma segunda chance e desta feita prometendo dar o máximo de si, acabou sendo projetado para o outro lado do Dojo. Meio atordoado cumprimentou Ueshiba e disse: "Quero ser seu discípulo". Morihei passou os anos de 1925 e 1926 ensinando em Tokyo a pedido do Almirante Takeshita e outras pessoas famosas. Em meio a várias viagens, Ueshiba acabou ficando doente e seu médico prescreveu-lhe repouso completo. Porém, mesmo doente Ueshiba frequentemente era ainda capaz de executar suas técnicas livres de Aiki. Aiki é talvez o mais recente exemplo da superioridade da mente sobre a matéria. O poder do Ki não diminuiu com o tempo e não depende das condições físicas do praticante. Por exemplo: perto do final de sua vida Sokaku Takeda insistia em continuar ensinando sua arte apesar de ter seu lado direito paralisado por um derrame e existe uma história que mesmo quando estava em seu leito de morte projetou um judoca 6º Dan no chão em um momento de desentendimento.

Após uma temporada de 6 meses em Ayabe, a saúde de Ueshiba retornou. Onisaburo encorajou Ueshiba a separar-se da Omoto-kyo e seguir para Tokyo, e fundar o seu próprio caminho, seu "Do". Em 1927 Ueshiba e sua família alugaram uma casa em Suramachi, no distrito Shirogane Shiba em Tokyo, e Morihei dava aulas no salão de bilhar que foi adaptado, que pertencia ao príncipe Shimazu, que era um de seus protetores. Em 1928 Ueshiba mudou-se para um bairro maior em Mita, e depois no ano seguinte para um lugar maior em Kuruma Machi. Devido ao crescente número de alunos, Ueshiba comprou um terreno para a construção de um Dojo formal em Ushigame, onde atualmente se localiza a sede central mundial do Aikidô, o Hombu Dojo.

Enquanto o nosso dojo estava sendo construído, Jigoro Kano, o fundador do judô, foi visitar Ueshiba em seu Dojo provisório que ficava em Mejiro. Após testemunhar as técnicas Aiki de Ueshiba, Jigoro Kano disse "Este é meu budo ideal, o verdadeiro judô". Ele mandou vários de seus discípulos para estudar com Ueshiba e que eram os melhores da Kodokan, e inclusive um deles, Minoru Moshizuki acabou desenvolvendo seu estilo próprio.

Em 1931 o Dojo em Ushigame chamado "koburan" foi finalmente concluído. Uma sociedade para desenvolvimento do Budo, foi fundada em 1932, tendo como Ueshiba o instrutor chefe. Gozo Shioda iniciou-se na prática nesta época. Sempre houve uma relação muito próxima entre Aikidô e a esgrima japonesa. Sokaku e Morihei eram dois grandes espadachins e por um período ocorreu a criação de um departamento de Kendo na Kobukan. Morihei evidentemente preocupado que seu filho Kishomaru viria a ser seu sucessor e que por outro lado era muito mais um intelectual que mais se interessava por livros, adotou um jovem espadachim chamado Kiyoshi Tanaka na família, mas ele saiu da mesma alguns anos mais tarde por razões não sabidas. Próximo ao início da 2ª Grande Guerra, Ueshiba estava extremamente ocupado ensinando na Kobukan bem como dando aulas especiais nas academias militares e de polícia mais importantes, e também para atores, dançarinos e lutadores de Sumo. Abaixo segue uma das muitas histórias deste período:

O famoso general Miura, um herói da Guerra Russo-Japonesa, foi um estudante de Daito-ryu e ouviu falar de Ueshiba através de Takeda, e um dia foi visitar seu "companheiro" para ver o que ele tinha a oferecer. Apesar de a princípio ficar desconfiado quanto à eficácia das técnicas de Ueshiba, Miura decidiu treinar com ele.

O Antigo Hombu Dojo (Dojo Central) onde começou a história do Aikikai, hoje com milhões de praticantes por todo o mundo.

85 anos

Fotos históricas da vida de Ô Sensei

Para convencer-se, ele arranjou umas aulas para Ueshiba na Academia Militar de Toyama. Os estudantes de "Jukendo" desta academia eram famosos por sua ferocidade e tamanho físico avantajado. Quando Ueshiba lá chegou eles pediram que Ueshiba usasse uma armadura porque era perigoso enfrentar suas baionetas sem a mesma. Ueshiba pediu que eles o atacassem em grupo e que assim foi feito e nenhum deles conseguiu tocar Ueshiba.

Em 1942 Ueshiba foi para Ywama pressentindo uma final infeliz para o Japão na Guerra, construindo um Dojo ao ar livre. A guerra esvaziou a Kobukan e Morihei cansado dos problemas administrativos de dirigir um grande centro foi para Ywama, onde ele poderia idealmente conciliar a agricultura com o Budo. "Budo e agricultura são o mesmo", disse. Deixou seu filho no posto de comando da Kobukan. Lá viveu calmamente Ueshiba construindo o Templo Aiki e o Shuren Dojo em um terreno que havia anteriormente comprado. Ywama pode ser considerado o lugar de nascimento do Aikido, o caminho da harmonia. Antes de se mudar para Ywama, seu Budo, seu sistema, chamava-se Aijijutsu e posteriormente Aikibudo. Durante os anos de 1942 a 1952 Morihei Ueshiba consolidou as técnicas e aperfeiçou a filosofia religiosa do Aikido. Em 1948, o Aikikai (Associação de Aikido) foi fundada para promover o Aikido no Japão e para o exterior. Morihei deixou esta tarefa para seu filho e seus principais discípulos, preferindo dedicar-se aos treinamentos em Ywama. Ele levantava-se todas os dias às 5 da manhã e rezava e meditava por várias horas, e praticava a agricultura ou estudava dependendo das condições metereológicas.

Saito Sensei, o atual responsável pelo Dojo de Ywama lembra: "Quando o fundador meditava, o ar era impregnado por um intenso sentimento de espiritualidade, mas quando ele terminava nós podíamos sentir o calor de seu amor e compaixão. A agricultura e o Aikidô eram sua vida e o mundo inteiro seu Dojo.

O rápido crescimento do Aikidô após a guerra debaixo da direção do Hombu Dojo, atualmente localizado em um prédio com 3 andares em Tokyo é bastante conhecida. Morihei tornou-se famoso como "O Sensei", o mestre do Aikidô e recebeu um grande número de condecorações do governo japonês. Até o final de sua vida, Morihei aprimorou cada vez mais a sua técnica, nunca perdendo sua dedicação aos treinamentos intensos.

Na primavera de 1969 Morihei ficou muito doente e disse a seu filho Kishomaru: "Deus está me chamando". Hospitalizado, o diagnóstico foi câncer no fígado. No dia 15 de abril as condições de Morihei ficaram críticas, e seus numerosos discípulos e amigos fizeram suas últimas visitas. "Aikidô é para todos", dizia. "Não treinem por razões egoístas, mas para todas as pessoas em todos os lugares". No começo da manhã do dia 26 de abril de 1969, Morihei Ueshiba, de 86 anos de idade tomou a mão de seu filho Kishomaru, riu e disse: "Tome conta de tudo" e morreu. Dois meses depois sua esposa Hatsu de 67 anos o seguiu.

As cinzas de Morihei foram queimadas no templo da família em Tanabe, e parte de seu cabelo guardado no templo em Ayabe, e parte no Kumano Juki Dojo (dirigido por Hikitsuchi Sensei, o único aluno a receber oficialmente 10º Dan de Ueshiba).

Todo ano uma cerimônia em memória de Ueshiba é realizada no dia 29 de abril no templo Aiki em Ywama.

Fotos históricas de Ô Sensei

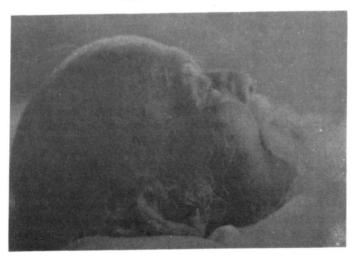

1969 – O começo de uma nova existência

HIBI SHOSHIN

Hibi Shoshin é a mentalidade do iniciante. É a atitude que todos devemos ter no dia a dia, estarmos abertos para aprender, e jamais acharmos que sabemos tudo e não devemos mais ouvir e prestar atenção nos ensinamentos de outras pessoas, mesmos das mais simples e ignorantes.
Muitos faixas pretas de Aikidô ficam estagnados tecnicamente por fecharem-se em sua pretensa sabedoria e conhecimento total, sem procurar treinar e ver outros mestres e colegas.

PALAVRAS AO INICIANTE

Você, ao iniciar-se na prática do Aikidô tomará uma resolução que seguramente modificará e transformará a sua vida para algo melhor. A partir da primeira aula e contato com os alunos e mestres, você receberá energias físicas e psíquicas que influenciarão positivamente em sua saúde, psiquê e filosofia de vida.

Os primeiros três meses serão muito difíceis, você sentirá dores musculares no dia seguinte aos treinamentos, talvez ocorrerão algumas pequenas contusões e alguns até sentem enjôo e ânsia de vômito ao executarem as quedas e os movimentos circulares. Não estranhe, tudo isto é normal em todos os iniciantes, variando apenas em intensidade.

Se você tiver força de vontade para superar este período inicial, no final do terceiro mês porém, você já sentirá grandes transformações em sua disposição geral. Terá mais energia, seus movimentos serão mais fáceis, mais naturais, sua aparência externa melhorará significativamente.

O seu lado mau, preguiçoso, doente, inventará nesta fase várias desculpas para fazer você abandonar o treino. Poderá alegar falta de dinheiro, medo de se machucar, problemas físicos, inadequabilidade, achar maçante, e tantas outras desculpas.

Não esmoreça, é seu lado comodista que estará agindo, não se deixe dominar e iludir.

Após o terceiro mês, tudo ficará mais fácil e estimulante, se você pretender desistir após o ingresso frente a eventuais dificuldades não o faça, espere até o terceiro mês e NÃO FALTE ÀS AULAS, e aí então você poderá tomar sua decisão se você tem ou não AIKIDÔ nas veias e deseja ir em frente.

Após esta fase, a continuidade no treinamento lhe dará uma saúde surpreendente, você ficará forte "por dentro". Ficará mais auto-confiante e seguro de si, e sem dúvida se tornará um artista marcial, apto a enfrentar qualquer situação de perigo defendendo sua integridade física e espiritual quando se fizer necessário.

Porém, não se esqueça de algo muito importante, o AIKIDÔ lhe dará uma boa postura, fortalecerá suas articulações, lhe dará elegância, porém se você é gordo, somente perderá peso se diminuir a ingestão e selecionar melhor os alimentos, e nisto a prática da arte lhe ajudará bastante, a comer menos.

Por outro lado, se você é magro e fraco, deverá se empenhar nos exercícios e procurar sempre o seu limite, não se entregar ao desânimo, não deixar a força negativa tomar conta de seu corpo, expanda suas energias.

DOKA – OS POEMAS DO CAMINHO ESCRITOS POR O SENSEI

Os antigos mestres costumavam ensinar os grandes segredos de suas artes através de poemas. Abaixo podemos ver esta série de escritos poéticos onde o fundador do Aikidô colocou toda a essência da arte. De difícil compreensão para leigos, mas muito claros para os alunos avançados da arte:

1. No começo do mundo
Surgiu o propósito do Budo
Para a proteção da Nação
A voz venerada do Imperador.

2. No começo dos tempos
Desceu dos céus
As jóias, a espada, o espelho
Para fundar a Nação.

3. Através dos Deuses universais,
Recebi a vibração do universo
e me tornei guerreiro para
realizar a vontade dos Deuses.

4. Com o precioso conhecimento de Izu
e Mizu na cruz do Aiki avance
corajosamente na voz de Izu.

5. Desilusões levam o indivíduo
para um caminho demoníaco,
não dê rédeas a seu alazão mental.

6. Jo-Dan deve ser livre de ego e assim pensando o guerreiro pode cortar através dos golpes que lhe são aplicados.

7. Se seu inimigo assumir Gedan no mesmo Kamae permaneça em Chu-Dan. Não mova sua espada para cima ou para baixo.

8. O progresso virá com a prática constante. Não procure por ensinamentos secretos que não levarão a nada. Confie nas experiências próprias.

9. Ataques pela frente e por trás, por todas as direções. Usando as lanças como escudo corra em seu caminho para a vitória.

10. Não se preocupe em bloquear ou cortar, com o espírito do Irimi. Avance, instantaneamente.

11. Sem menor Tsuki elimine todos os pensamentos sobre o inimigo ou suas espadas, avance e corte!

12. Se o inimigo avançar cortando rapidamente, evite-o com um passo ao lado e corte instantaneamente.

13. Aquele que está preparado para qualquer evento, jamais usará sua espada com precipitação.

14. Se sua intenção é enfraquecer o inimigo primeiramente entre no lado e corte seu espaço.

15. Lute contra vários inimigos como se eles fossem somente um.

16. Em uma floresta de espadas inimigas procure conhecer o escudo que existe em suas pontas.

17. Constantemente devo ter sempre presente o abençoado caminho de Izu e Mizu.

18. Uma floresta de espadas são conduzidas usando o espírito do inimigo como escudo.

19. Para realizar a última verdade da união de dois mundos cultive a sinceridade com todo seu coração.

20. Bujutsu é a materialização da forma dos Deuses e seus pais Izu e Minu.

21. Use a espada de Deus para colocar o inimigo pervertido no caminho de Deus.

22. Pensando na Unidade diante do Inimigo quando ele levanta a espada eu me posiciono atrás dele.

23. O inimigo pervertido quer me atacar. Absorvo seu espírito me coloco atrás dele e corto.

24. Quando desafiado por um só inimigo cuide-se. Você está sempre cercado.

25. Uma vez que você domine as técnicas de Aiki nenhum inimigo se quer pensará em atacar.

26. Exercite seu espírito diariamente no sentido de tomar conta dos eventos na idéia da Unidade que é o Caminho do guerreiro.

27. Com sua mão direita com Yang e sua mão esquerda com Yin guie o inimigo.

28. Por que fixar os olhos na espada que ele está agitando se a empunhadura mostrará onde ele quer cortar.

29. Por que conhecer e preocupar-se com detalhes, livre-se dos pensamentos inúteis.

30. Com a Espada da Iniciativa segura pelos Céus aproxime-se rapidamente, balance-a em redor e corte diagonalmente.

31. Não encontro nenhum homem que seja capaz de falar claro como a vertente da montanha.

32. A iluminação chega ao homem incognitamente como a lua nascendo e morrendo sem ruídos ou alardes.

33. Para se ver a realidade deve-se dominar a voz IA! O ritmo de inimigo não deve dominá-lo.

34. Ao inimigo assumir Jo-Dan julgue seu espírito. Assuma a atitude Yin e veja-o como Yang.

35. Em Chu-Dan com a mente do inimigo no centro você observa seu ritmo com a mesma empunhadura.

36. Com o inimigo em Guedan a idéia de Yang deve ser vista como Yin e a espada que bate vista como Seigan.

37. Vida e Morte estão diante dos olhos devemos saber disto muito bem. O inimigo não aceita uma retirada.

38. Ao ensinar lembre-se que os grandes segredos estão contidos nas técnicas básicas.

PROGRAMA BÁSICO DO INSTITUTO TAKEMUSSU

1) JUMBI TAISO – Exercícios de alongamentos e aquecimento geral do corpo.

2) TEKUBI JUHAN UNDO
   IKIO – NIKIO – SANKYO – YONKYO – GOKYO – KOTEGAESHI.

3) AIKI DOSA
   MOKUSO – Ten no Kokyu – Chi no Kokyu – Ki Kikuseki Taiso -- Furidama – Ame no Torifune no Gyo – Aiki Koshi Hineri – Dai Iti Kyo Undo – Ude Fure Undo – Ushiro Tori Undo – Sayu Undo – Shiho Kiri Undo – Happo Kiri Undo.

4) TAI SABAKI
   Tenkai Ashi – Goho Tenkan – Irimi Tenkan – Toma Irimi Tenkan – Irimi Tenkan Ossae – Suari Waza Irimi Tenkan – Zempo Suari Waza Irimi Tenkan.

5) UKEMI
   Ushiro Ikemi – Ushiro Kaiten Ukemi – Mae Ukemi – Yoko Ukemi.

6) ATEMI NO KEIKO
   Mae Gueri – Yoko Gueri – Ushiro Gueri – Mune Tsuki – Yokomen Uchi.

7) SOTAI DOSA
   Ai Hamni Katatetori Mussubi no Keiko Irimi
   Gyaku Hamni Katatetori Mussubi no Keiko Irimi
   Gyaku Hamni Katatetori Kokiu Nague Ura
   Gyaku Hamni Katatetori TAI NO HENKO
   Morotetori Kokyu Ho Urá
   Morotetori Kokyu Ho Omote
   Rio Te Tori Ten-Chi-Undo
   Rio Te Tori Kokyu Ho Irimi
   Rio Te Tori Kokyu Ho Tenkan
   Rio Te Tori Shiho Nague Undo
   Sode Dori Tegataná Undo Soto
   Rio Mune Dori Tegatana Undo
   Sode Dori Tegataná Undo Uchi
   Katatetori Urá No Undo
   Ai Hamni Katatetori Daiti Kyo Ura no Keiko
   Morotetori Maru no Undo
   Guiaku Hamni Uchi Kaiten Nague Urá
   Haishin Undo
   Ai Hamni Katatetori Dai Itikio Omote no Keiko
   Suari Waza Kokyu Ho
   Ushiro Tori Mizu no Kokoro Undo

8) KIHON WAZA – (Omote e Urá, Tachi Waza, Handachi Waza e Suari Waza)
Katatetori Ai hamni: Ikyo, Nikyo, Sankyo, Yonkyo-Shiho Nague Kaiten Nague, Irimi Nague, Kote Gaeshi Nague, Ude Kime Nague (Nove princípios).
Guiaku Hamni Katatetori: Os nove princípios mais Sumi Otoshi.
Morotetori: Os nove princípios.
Shomen Uti: Os nove princípios mais Aiki Nague e Koshi Nague.
Tsuki: Os nove princípios mais Ude Garami.
Ushiro Ryo te Kubi: Tori Koshi Nague.
Sode Dori: Os nove princípios.
Ushiro Kata Tori: Os nove princípios.
Yokomen Uti Kiri Gaeshi: Os nove princípios mais Go Kyo.
Yokomen Uti Kiri Oroshi: Os nove princípios.
Ushiro Rio Te Kubi Tori: Os nove princípios mais Aiki Otoshi e Juji Garami Nague.
Kokyu Nague em todos os ataques acima.
Sode Dori Shomen Uti: Os nove princípios.

Estas são as técnicas básicas principais que praticadas possibilitarão ao praticante chegar ao nível superior, atingindo a faixa preta SHODAN (Primeiro Grau).

É importante lembrar que o Aikidô é um treinamento para a vida inteira, as técnicas acima, como na leitura de livros, são a alfabetização, no resto da vida será mais culto quem lê mais livros e no caso do Aikidô, vai recebendo mais graus na medida que o praticante vai ampliando seus conhecimentos e PRINCIPALMENTE FAZENDO CADA VEZ MELHOR ESTAS TÉCNICAS BÁSICAS. O IMPORTANTE É QUALIDADE DE EXECUÇÃO E NÃO QUANTIDADE DE CONHECIMENTO DE TÉCNICAS. É preferível o praticante conhecer uma técnica com perfeição do que centenas imperfeitas. A propósito, quando uma pessoa consegue fazer uma técnica perfeita, as demais são aprendidas naturalmente.

No presente manual serão mostradas estas técnicas básicas acima. Existem muitas outras, porém a maioria são derivadas das presentes.

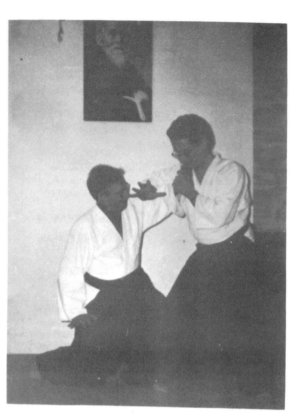

*Luis Rovella e
Ovidio Rovela.
Pai e filho
faixas pretas*

TÉCNICAS EXIGIDAS NOS EXAMES PROMOCIONAIS
Sempre em Omote e Urá

5º RYU – FAIXA AMARELA

1. Kamae
2. Tenkai Ashi
3. Goho Tenkan
4. Irimi Tenkan
5. Mae Ukemi
6. Ushiro Ukemi
7. Ushiro Kaiten Ukemi
8. Suari Waza Irimi Tenkan
9. Ai Hamni Katatetori Ikyo
10. Ai Hamni Katatetori Nikyo
11. Ai Hamni Katatetori Sankyo
12. Ai Hamni Katatetori Yonkyo
13. Ai Hamni Katatetori Shiho Nague
14. Ai Hamni Katatetori Irimi Nague
15. Ai Hamni Katatetori Kaiten Nague
16. Ryo Te Tori Tenchi Nague
17. Gyaku Hamni Katatetori Sumi Otoshi
18. Ai Hamni Katatetori Ude Kime Nague
19. Suari Waza Kokyu Ho
20. Guiaku Hamni Katatetori Mussubi No Keiko
21. Morotetori Kokiu Ho
22. Ushiro Tekubitori Kotegaeshi
23. Tsuki Kotegaeshi
24. Shomen Uti Iriminague
25. Shomen Uti Ikyo
26. Morotetori Kokyu Nague

4º KYU – FAIXA ROXA

27. Ai Hamni Shomen Uti Nikyo
28. Ai Hamni Shomen Uti Sankyo
29. Ai Hamni Shomen Uti Yonkyo
30. Ai Hamni Shomen Uti Shiho Nague
31. Ai Hamni Shomen Uti Kaiten Nague
32. Ai Hamni Shomen Uti Kotegaeshi Nague
33. Ai Hamni Tsuki Ikyo
34. Ai Hamni Tsuki Nikyo
35. Ai Hamni Tsuki Sankyo
36. Ai Hamni Tsuki Yonkyo

40. Ai Hamni Tsuki Ude Kime Nague
41. Suari Waza Shomen Uti Irimi Nague
42. Mae Gueri Irimi Nague
43. Yokomen Uti Shiho Nague
44. Ushiro Riotekubi Tori Sankyo
45. Ushiro Ryo Katatori Kotegaeshi
46. Suari Waza Shomen Uti Ikyo
47. Suari Waza Kata Tori Nikyo
48. Suari Waza Kata Tori Sankyo

3º KYU – FAIXA VERDE

49. Yokomen Uti Kiri Kaeshi de Ikyo até Kotegaeshi
55. Yokomen Uti Kiri Oroshi de Ikyo até Kotegaeshi
63. Guiaku Hamni Katatetori de Ikyo até Kotegaeshi
71. Guiaku Hamni Uti Kaiten Nague
72. Guiaku Hamni Uti Sankyo
73. Ai Hamni Katatetori Koshi Nague
73. Shomen Uti Koshi Nague
74. Ushiro Rio te Kubi Tori Koshi Nague
75. Ushiro Rio te Tori Juji Garami Nague
76. Ushiro Rio te Tori Aiki Otoshi
77. Kata Sode Dori de Ikyo até Kotegaeshi
84. Hamni Handachi Katatetori Shiho Nague
85. Guiaku Hamni Katatetori Ude Garami

2º KYU – FAIXA AZUL

86. Suari Waza Shomen Uti de Ikyo a Kotegaeshi
93. Rio te Tori de Ikyo até Kotegaeshi
100. Mune Dori de Ikyo até Kotegaeshi
108. Ushiro Kata Tori de Ikyo até Kotegaeshi
115. Rio Ushiro Hiji Tori de Ikyo até Kotegaeshi
116. Guiaku Hamni Sokumen Irimi Nague
117. Yokomen Uti Gokyo
118. Ushiro Kubi Shime Koshi Nague
119. Morote Tori Nikyo
120. Katatetori Ude Hijiki

1º KYU – FAIXA MARRON

121. Ushiro Eri Dori de Ikyo até Kotegaeshi
129. Sode Dori Men Uti de Ikyo até Kotegaeshi
130. Ryo Te Tori Tomoe Nague
131. Shomen Uti Kata Guruma
132. Tsuki Ude Hijiki
133. Jodan Tsuki Tembi Nague
134. Execução de Kokiu Nague para vários ataques
135. Tanto Tori Kotegaeshi
136. Tanto Tori Yokomen Uti Gokyo
137. Tanto Tori Shiho Nague
138. Tanto Tori Ude Hijiki

139. Shobu Aiki (Resposta Oral a perguntas sobre a filosofia do Aikidô)

SHODAN – FAIXA PRETA – 1º Grau

139. Executar todas as técnicas anteriores
140. Kancho Oku Waza
141. Jo no Suburi
142. Jo no Kumijo
143. Jo no Kata
144. Bokken Tori
145. Jo Tori
144. Ken no Suburi
145. Ke no Kumitachi
146. Demonstrar conhecimento de Henka Waza
147. Demonstrar conhecimento de Kaeshi Waza
148. Demonstrar a capacidade de se livrar do ataque de uma pessoa fisicamente mais forte sem grandes conhecimentos de Budo.
149. Defesa pessoal contra armas
150. Defesa pessoal em luta no chão
151. Demonstração do conhecimento dos pontos vitais para atemis
152. Explicar a origem das técnicas básicas do Aikidô
153. Conhecimento dos termos japoneses básicos da arte
154. Falar sobre a história do Aikidô desde sua fundação até nossos dias
155. Explicar as bases religiosas filosóficas da arte
156. Explicar os termos Kokyu, Mussubi, Awase, Misogi, Kami, Daishizen, Shugyo, Takemussu.
157. Explicar como a vaidade e o egoísmo atrapalham a felicidade e o desenvolvimento humano e como o Aikidô tenta reduzir seus malefícios.
158. Explicar as influências na saúde, psique, e espírito na prática do Aikidô.
159. Ser capaz de permanecer razoavelmente tranqüilo em situações de ameaças físicas e psicológicas.
160. Dar exemplos experimentais de seu dia a dia de ter sido capaz de contornar situações conflitantes produzindo harmonia e amizade.
161. Demonstrar competência em falar em público, sem barreiras.
162. Demonstrar capacidade de tolerância em situações cotidianas.
163. Demonstrar estar conduzindo sua vida de forma organizada e equilibrada.
164. Demonstrar ser uma pessoa capaz de fazer amigos.
165. Demonstrar ser capaz de fazer tarefas que exijam delicadeza, equilíbrio e paciência.
166. Demonstrar ser capaz de receber ofensas e críticas sem se alterar exageradamente.
167. Ser capaz de colocar seu ponto de vista sem entrar em conflito com o interlocutor.
168. Demonstrar capacidade de liderança sabendo conduzir pessoas em harmonia.
169. Demonstrar ser pessoa que saiba ouvir.
170. Demonstrar zelo e cuidados com sua aparência em todos os sentidos.
171. Demonstrar naturalidade em suas ações.
172. Outras competências à critério do Mestre.

Exames de NIDAN para frente, à critério do Mestre.

Nota: Os aspectos teóricos da arte do Aikidô podem ser encontrados com profusão em sua primeira obra: "Aikidô – O Caminho da Sabedoria".

GRADUAÇÕES

MUKYO	–	FAIXA BRANCA
5º KYO	–	FAIXA AMARELA
4º KYO	–	FAIXA ROXA
3º KYO	–	FAIXA VERDE
2º KYO	–	FAIXA AZUL
1º KYO	–	FAIXA MARRON

SHODAN	–	FAIXA PRETA	–	1º GRAU
NIDAN	–	FAIXA PRETA	–	2º GRAU
SANDAN	–	FAIXA PRETA	–	3º GRAU
YONDAN	–	FAIXA PRETA	–	4º GRAU
GODAN	–	FAIXA PRETA	–	5º GRAU
FUKUSHIDOIN	–	(PROFESSOR ASSISTENTE)		
SHIDOIN	–	(PROFESSOR)		
SHIHAN	–	(MESTRE)		

As três últimas classificações são títulos que são atribuídos aos Yudansha. Além de Godan, as promoções são feitas mais por méritos devidos a trabalhos realizados em prol da arte, pelo amadurecimento técnico e da personalidade.

TEMPOS MÍNIMOS PARA PRESTAÇÃO DE EXAMES (Aulas de 1 hora)

PARA FAIXA AMARELA	–	30 aulas
PARA FAIXA ROXA	–	50 aulas
PARA FAIXA VERDE	–	100 aulas
PARA FAIXA AZUL	–	100 aulas
PARA FAIXA MARRON	–	100 aulas
PARA SHODAN	–	À critério do Mestre
PARA SHODAN EM DIANTE	–	À critério do Mestre

Estes tempos poderão ser abreviados em caráter excepcional à critério do Mestre e os exames serão sempre realizados pela Kancho que poderá, a seu critério, solicitar a presença de outros Yudansha e atribuir notas, aprovando ou não o candidato.

REIGI

*Reigi significa etiqueta e cortesia. Segundo O Sensei, é este o elemento
essencial no treinamento do Budo. Porém, a cortesia de que falava O Sensei
era apenas procedimentos formais para não provocar inimigos, mas sim que
a atitude e nossa expressão devesse ser nossa verdadeira qualidade espiritual.
Ao menos que você tenha respeito próprio, a verdadeira etiqueta espiritual
não chegará a você. Apenas fazer concessões, ou tratar os outros com
aspereza, sem que isto seja uma verdade interna, apenas diminuirá
o valor de seu caráter.*

ALGUMAS REGRAS DE ETIQUETA E COMPORTAMENTOS EM UM DOJO

1) É responsabilidade de todos manter as regras tradicionais de conduta no Dojo. Este espírito vem do Fundador e deve ser respeitado, honrado e mantido.
2) É de responsabilidade de todos criar uma atmosfera positiva de harmonia e respeito.
3) O Dojo não deve ser utilizado para outro fim a que se destina, salvo expressa ordem do Sensei.
4) A limpeza é uma oração de agradecimento, é dever de todos executar a limpeza física e do coração de todos.
5) É decisão do Sensei quando ele deve ensinar alguma técnica. Não se pode comprar técnicas. A mensalidade é uma pequena parcela para ajudar a pagar as despesas para o local de treinamento e é uma forma muito pequena de demonstrar a gratidão do aluno ao mestre por seus ensinamentos.
6) Respeitar, Respeitar, Respeitar, é um pensamento contínuo no Dojo.
7) É um dever moral de todos usar as técnicas para fins pacíficos visando sempre construir.

8) Não deve haver conflitos do Ego no tatami. Aikidô não é um ringue de competição de vaidade.

9) A insolência jamais será tolerada, devemos ter consciência de nossas limitações.

10) Cada pessoa tem condições, e razões diferentes para treinar. Devemos respeitar suas expectativas.

11) Jamais se deve contraargumentar com o professor.

12) Jamais deixe de fazer a reverência ao Kamisama ao entrar e sair do Dojo.

13) Respeite seu uniforme de treinamento, deve estar sempre em boas condições e de aparência.

14) O Dojo não é uma praia, sente-se sempre em seiza ou com as pernas cruzadas no estilo japonês, no caso de ter problemas no joelho.

15) Quando o Sensei demonstra uma técnica, fique sempre em Seiza, após, faça uma reverência, e comece imediatamente a praticar.

16) Quando o final de uma técnica é assinalada, cumprimente o parceiro e vá imediatamente para seu lugar de início da aula.

17) Se for absolutamente necessário perguntar algo ao Sensei, vá até ele, não o chame para si.

18) Respeite os alunos mais experimentados, jamais discuta se as técnicas estão erradas ou não.

19) Se você não é Yudansha, não corrija ninguém.

20) Não converse em cima do Tatami. Aikidô é experiência.

21) É responsabilidade de todos manter o Dojo limpo, de preferência deve ser varrido diariamente.

22) Não se deve usar jóias, mascar coisas no tatami. Além do corpo somente se usa o uniforme.

"Aikidô" não é religião, mas a educação e o refinamento do espírito. Você não será convidado a aderir a nenhuma doutrina religiosa, mas somente a manter o espírito aberto. Quando se inclina em uma reverência, isto não é um procedimento religioso mas sim um sinal de respeito ao mesmo espírito de Inteligência Criativa Universal que está com todos nós".

REGRAS PARA PROFESSORES DE AIKIDÔ:

1) O Aikidô nos revela o caminho de unificação com o Universo. Coordenar corpo e espírito e fazer-se UM com a natureza é o principal objetivo do treinamento e o guia para qualquer decisão.

2) Devem os professores ensinar a todos os alunos com sinceridade e sem discriminação.

3) Evite a competição, ensine o treinamento como uma prática para mútuo desenvolvimento.
4) Não critique as demais artes marciais.
5) Mantenha-se afastado do falso orgulho, a natureza é ilimitada e seus princípios profundos.
6) As artes marciais começam e terminam com cortesias, amais se esqueça disto.
7) Mantenha a calma espiritual, se estiver errado desculpe-se, se encontrar alguém com mais conhecimentos, aceite-os com modéstia esquecendo-se de sua vaidade eventual.
8) Respeite a todos independentemente de sua energia, poder, influência, amizade etc.
9) Não se aborreça, nem sinta tédio com facilidade. A ira é algo vergonhoso no Aikidô.
10) Não meça esforços em ensinar mais a seus alunos, você progride junto com eles.
11) Não seja orgulhoso. Um homem orgulhoso é uma pessoa de pensamentos superficiais.
12) Ao praticar, não exiba fortaleza e poder desnecessariamente para não provocar inveja e disputas.
13) Todos seus atos devem ser feitos com convicção, se seguirmos os princípios do universo estaremos sempre corretos.

"Desde o momento que o espírito controla o corpo, tudo o que flutua dentro do espírito, mesmo que momentaneamente, tem seu efeito sobre o corpo. Aquilo que guardamos por algum tempo em nosso espírito inevitavelmente se mostrará em nossas faces, em nossos olhos, e na maneira de falarmos".

Na prática do Aikidô é fundamental entrar no centro do inimigo ou parceiro sem hesitações e com todo o poder concentrado.

O UNIFORME DO AIKIDÔ

O Dogi

Para se treinar Aikidô, bem como para a maioria das artes marciais é necessário usar um uniforme especial. No caso do Aikidô usa-se o DOGI, o HAKAMÁ e a ZORI. O DOGI é o chamado "quimono", que o leitor provavelmente já viu, sendo esta denominação errada, uma vez que quimono é um outro tipo de roupa que os japoneses usam. GI, quer dizer vestimenta e DO, o caminho, assim, Dogi significa a vestimenta do caminho. Ele deve estar sempre bem limpo e preferencialmente sem nenhum detalhe especial que cause diferenciação com os demais companheiros, salvo o distintivo da academia. Colocar destaques no Dogi, é um sinal de desejo de exclusividade e uma manifestação do ego individualista que se quer combater no Aikidô. É interessante que o pano de que seja feito o Dogi seja do tipo "trançado", pois eventualmente durante a execução das técnicas, ele poderá sofrer puxões, e se não for convenientemente forte poderá rasgar. Outro cuidado importante ao se comprar um dogi é evitar adquiri-lo muito justo em termos de tamanho, visto que em geral são feitos de tecidos que encolhem bastante, às vezes podem encolher 10 cm de comprimento. Também é interessante não usar as mangas muito compridas, pois no Aikidô existem muitos katas onde se deve deixar o adversário segurar o pulso e portanto esta área deve estar livre para permitir a pegada. O Dogi deve ser convenientemente dobrado, após o uso, não somente para que aumente sua durabilidade mas também como um treinamento espiritual de respeito, e paciência para executar tarefas rotineiras e manuais.

Uma vez colocada a calça e a jaqueta do Dogi, coloca-se a faixa (Obi), conforme a indicação da figura, inicialmente coloca-se a faixa em frente do corpo segurando-a exatamente no meio e colocando-a em frente ao umbigo. Em seguida passa-se as duas pontas para trás da cintura e dá-se uma volta no corpo com as duas pontas de forma que ficam traspassadas na cintura, dá-se uma primeira passada, pela frente com a ponta da esquerda e uma segunda, fixando o nó que deverá ficar em cima do Saika No Item, ajudando o praticante em sua localização. Se a faixa estiver corretamente amarrada, as pontas cairão para os lados com o mesmo comprimento e o nó terá a configuração do desenho abaixo.

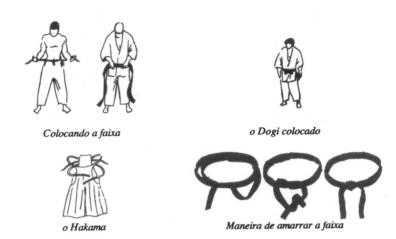

O HAKAMÁ, antiga calça-saia usada pelos antigos guerreiros é a vestimenta tradicional do aikidoísta faixa-preta, não pode ser usada pelos Kyu, salvo se forem autorizadas pelo professor. Os iniciantes não devem usá-lo pois esconde os movimentos dos pés, o que dificulta a observação de suas incorreções, atrasando em seus desenvolvimentos. Razões mais importantes do uso do Hakamá:

a) O Saika No Item, com o Hakamá é mais facilmente percebido.

Com apenas o Dogi e a faixa, a mesma tende a subir e descer enquanto é movimentada, e este fato "mexe" com o equilíbrio do praticante. Usando o Hakamá prendendo firmemente o nó da faixa no baixo abdomem, obtém-se uma sensação positiva de grande firmeza e estabilidade. Uma vez autorizadas a usar o Hakamá, as pessoas progridem bem mais rapidamente na arte. Este fato é devido em parte pela confiança em que adquirem por terem ganho o direito de usá-lo, porém em grande parte pelo aumento de sentimento de estabilidade centrada no Saika No Item.

b) O uniforme como um todo fica mais ajustado.

O hakamá fixa melhor a jaqueta sobre a calça, aumentando em muito a fixação fornecida pela faixa, permitindo que fique mais tempo alinhado e bem arrumado.

c) O Hakamá aumenta a estabilidade.

O corpo com o Hakamá tem no sentimento do praticante, a impressão de ter-se transformado em uma pirâmide. Como é verdade que é a mente que movimenta o corpo, a mesma pode ser influenciada positivamente por circunstâncias exteriores. Assim, se se conseguir a estabilidade da mente, a do corpo segue atrás.

Zanchin — o final das técnicas

O Aikido é uma meditação em movimento

d) O Hakamá aumenta a calma.

Nós temos o instinto natural em nos escondermoss quando estamos diante de um perigo. É aquela sensação que tem as crianças de esconderem-se debaixo do cobertor quando sentem medo. Sabe-se que os conferencistas sentem-se mais seguros quando tem seus pés escondidos pela toalha que cobre suas mesas, daí a parte da frente das mesmas serem sempre cobertas por alguma coisa. Evidentemente, apesar deste fato ser uma verdade, principalmente para principiantes, não deve ser o Hakamá uma muleta de que o aikidoísta deve se apoiar. Por outro lado se é verdade que o objetivo do treinamento teórico é fazer com que o espírito esteja calmo em qualquer circunstância, é importante lembrar que em termos práticos, as circunstâncias podem auxiliar a nos acalmar-mos. E não há demérito algum em usar artifícios disponíveis, desde que sejam usados como um complemento, e não como uma regra.

Abaixo pode-se observar como se coloca o Hakamá não nos esquecendo que uma vez usado, ele deve ser dobrado convenientemente pelas mesmas razões que as válidas para o Dogi:

Maneira de colocar o Hakamá

O uniforme completo do Aikidoísta

MANEIRA DE DOBRAR O DOGI

Estende-se o Dogi em um local plano.

Dobra-se o Dogui pelas costuras laterais, dobrando as mangas 3 vezes como uma sanfona.

Deixar pequeno espaço entre as partes para facilitar o resto do trabalho.

Esticar as calças em um local também plano.

Dobra-se a calça em 3 vezes colocando a parte...

... da cintura por baixo da parte das pernas.

Coloca-se a calça sobre a blusa, 10 a 15 cm da barra.

Dobra-se a parte de baixo da blusa sobre as calças.

Dobra-se a blusa pelo meio no sentido do comprimento.

Dobra-se no sentido contrário.

Coloca-se a faixa.

Usa-se um nó direto.

Amarrando a faixa no sentido da largura.

COMO DOBRAR O HAKAMÁ

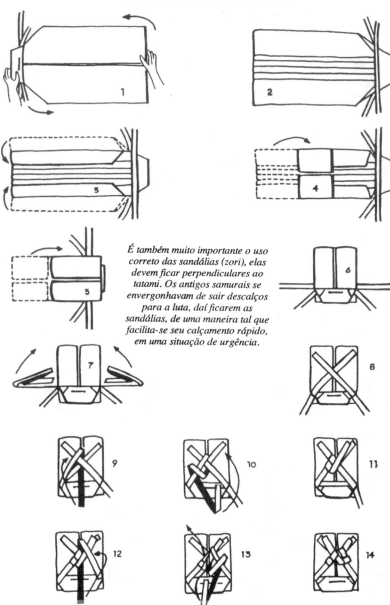

É também muito importante o uso correto das sandálias (zori), elas devem ficar perpendiculares ao tatami. Os antigos samurais se envergonhavam de sair descalços para a luta, daí ficarem as sandálias, de uma maneira tal que facilita-se seu calçamento rápido, em uma situação de urgência.

PONTOS A OBSERVAR NAS TÉCNICAS DE AIKIDÔ

Nas técnicas de "Àikidô" existem vários pontos que devem ser considerados:

1) O relaxamento do corpo com o sentimento do "Saika No Item".
2) Manter o peso sempre em baixo.
3) Estender o "KI".
4) Os movimentos são sempre circulares.
5) A mente deve estar livre de qualquer preocupação.
6) Tudo se inicia no "Saika No Item".
7) Os movimentos do corpo e da mente devem ser coordenados.
8) Deve-se evitar a força muscular isolado.
9) Ao ser atacado procurar o ponto de contato e entrar procurando o "Shikaku".
10) Não se pode puxar nem empurrar, deve-se tentar "colar no agressor".
11) O ideal é a atitude "Sen Sen no Sen".
12) Não se pode interromper os movimentos.
13) Sempre que possível usar o "Tekatana".
14) Não se esquecer dos pontos doloridos.
15) Se o movimento para, entrar com um Atemi e aplicar "Henka Wasa".
16) Não entrar com alguma técnica pré-concebida, o ataque é o guia.
17) Nunca fixar a mente em alguma coisa particular.
18) O melhor fiscal da técnica é o fluxo de "KI".
19) Entra-se pela forma e sai-se da forma.
20) Treinar "Aikidô" é ser, ora "Uke", ora "Nague".
21) A postura correta é fundamental.
22) É importante fortalecer o corpo.
23) Treinar com fracos e fortes.
24) Eventualmente testar sua energia.
25) Em todo "kata" existe o "Atemi".
26) A importância da distância de combate.
27) Sem "KI" não há "Aikidô".
28) A importância da atitude de combate.
29) Cuidados ao entrar.
30) O treinamento com armas.
31) A parte estética.
32) A constância e a repetição.
33) A velocidade.
34) Não se esquecer que "Uke" tem vários potenciais de ataque.
35) O controle das emoções.
36) A importância do "Yin" e do "Yang".
37) "Ukemi" não é "Cair".
38) Treinar com energia, desprezando a dor e o cansaço.
39) Urá e Omote são complementares.
40) Nague faz tudo sem perder a estabilidade e o "Saika No Item".
41) O centro de nague é o centro do movimento, "Uke" fica na periferia.
42) O "Kata" de Nague deve fazer bem a "Uke".

1) O relaxamento do corpo com o sentimento no "Saika No Item"

É fundamental ter o corpo completamente relaxado para que as coisas possam acontecer no "Aikidô". Assim, o praticante ao entrar no tatami deve soltar todos seus músculos, tendões, relaxar os ombros, enfim detectar os pontos de tensão no corpo e tentar soltá-los. De início isto será impossível, porém com o passar do tempo isto vai acontecendo naturalmente, desde que o praticante a isto se proponha. Pode-se pedir aos companheiros que apliquem "shiatsu" nas regiões mais resistentes ao relaxamento, prática que abreviará a soltura. Uma vez o corpo estando relaxado, deve-se procurar sentir o "Saika No Item", o centro, que deve estar alinhado com o centro superior na cabeça. Nestas condições é fundamental que a coluna esteja reta, a cabeça levantada, o peso em baixo, e o praticante procurar sentir que toda sua estabilidade tem um centro, que fica aproximadamente a 5 cm abaixo do umbigo. Este centro deve ser imaginado como o centro de todos os movimentos circulares que eventualmente Nague possa executar. Se o indivíduo consegue relaxar o corpo e manter o centro, e tendendo o "KI", seu corpo se transforma em uma esfera dinâmica. Cujos movimentos centrípetos e centrífugos tem enorme energia.

2) Manter o peso sempre em baixo

O nosso peso, quando sentimos o "Saika No Item", fica em baixo. Porém, ao nos deslocarmos, ou executarmos movimentos com os braços e as mãos naturalmente devido a nossos condicionamentos anteriores, temos a tendência de subir nosso peso, perdendo o centro inferior. Isto não deve acontecer pois a medida que o centro sobe, diminui-se a estabilidade, e o que é pior, o "KI" deixa de fluir por nossos braços e mãos, diminuindo nossa energia.

3) Estender o "KI"

Quando estamos com nosso centro dominado, devemos aprender a estender nosso "KI" para o exterior, saindo do "Saika No Item" e subindo próximo a espinha e indo para os braços, mãos e dedos. Se os dedos estão dobrados, o "KI" não flui para onde queremos. Assim, os dedos devem estar sempre livres e apontando para onde toda nossa intenção quer ir.

4) Os movimentos são sempre circulares

Não existem movimentos retos no "Aikidô". Eles são sempre circulares, mesmo nos atemis, ou nas técnicas de Irimi. Talvez a palavra circular possa confundir o praticante e seja melhor usar a expressão "espiralítico". Pois na verdade, o que acontece é o aparecimento de espirais onde é gerada a energia.

5) A mente deve estar livre de qualquer preocupação

Se a mente está preocupada com qualquer problema, evidentemente não conseguirá relaxar o corpo. Portanto, uma vida mais equilibrada ajuda a melhor praticar o "Aikidô", evidentemente a recíproca também é verdadeira, e a prática do "Aikidô" relaxa a mente.

6) Tudo se inicia no "Saika No Item"

Evidentemente sendo nosso "Saika No Item" o centro de todas as energias físicas, é por ele que devem passar as forças que provocam os movimentos. Se elas saírem de outros centros, inevitavelmente ocorrerão desequilíbrios, e desperdício de energia. A rotação dos quadris determina o procedimento dos pés e o movimento da cabeça determina o movimento de ambas as mãos.

7) Os movimentos do corpo e da mente devem estar coordenados

Quando executamos movimentos em "Aikidô" devemos fazê-los de forma que nossa concentração em algum ponto acompanhe o movimento. É freqüente observar-se principiantes executando algum golpe em alguma direção e olhando para outro lado. Ao se desviar a atenção, o "KI" flui parcialmente para onde olhamos e o movimento do corpo fica sem energia e ineficiente. "Aikidô" é uma junção de "KI", "KON" e "TAI". ("KI", pensamento, e força física), tudo em uma só direção, em um só propósito.

8) Deve-se evitar a força muscular isolada

Se ao executarmos uma técnica esquecermos das forças mentais e do "KI", usando os músculos e a força muscular, somente conseguiremos dominar um adversário, se formos muito mais fortes do que ele, e como a força é relativa, nosso poder seria limitado, e melhor seria treinar halterofilismo, que "Aikidô".

9) Ao ser atacado procurar o ponto de contato e entrar procurando o "Shikaku"

Quando vamos iniciar o "Kata", para que ele seja proveitoso devemos sentir o movimento de "Uke", e no momento em que ele nos tocar, devemos nos juntar a ele, colar em seu movimento, transformando os dois corpos em um só, e procurar entrar no ponto morto de seu equilíbrio, o "Shikaku".

10) Não se pode puxar nem empurrar, deve-se procurar "colar no adversário"

Existe um provérbio japonês que diz "Kureba Mukae Sareba Okuru", que quer dizer "quando o adversário vem, nós o recebemos e quando ele vai, nós o acompanhamos". I to quer dizer que não se pode puxar nem empurrar. Quando puxamos ou empurramos, na realidade estamos atacando, nos desequilibrando, e provocando um equilíbrio no adversário e o desejo de reação. No "Aikidô", se junta, se faz tudo, Aiki, se "cola" no agressor.

11) O ideal é a atitude Sen-Sen-No-Sen

Ao nos defrontarmos com um atacante, quanto antes percebamos sua intenção de ataque, mais tempo teremos para nos defendermos, estabelecendo uma estratégia.

Desta forma, quanto mais rápidos formos em sentir o "KI" agressivo do adversário, maior será nossa facilidade em executar o "Kata". O ideal é a atitude "SEN SEN NO SEN", ou seja nosso espírito é como um espelho que reflete a imagem do ataque exatamente no mesmo momento em que ele começa. Este foi sempre o objetivo de todos os grandes espadachins e mestres das lutas marciais. Daí o provérbio: "O nosso espírito deve ser como a superfície tranqüila de um lago que reflete imediatamente a imagem da lua".

12) Não se pode interromper os movimentos

Na realidade no "Aikidô", por definição (união com "KI"), "Uke" é dominado em sua atitude agressiva, porque Nague une seu "KI", com a dele. Se durante o movimento paramos por qualquer razão, ocorre "KI WO KIRU", a corrente de "KI" é cortada. Com a paralisação, "Uke" recupera o equilíbrio e somente com um Atemi, ou se aguardamos, uma nova agressão, poderemos aplicar-lhe algum "Kata". No "Aikidô" somente se paralisa os movimentos após a projeção de "Uke", ou no final da imobilização nas técnicas de "katame Wasa".

13) Sempre que possível usar o "Tekatana"

O "Aikidô" é originário da luta de sabre, do "Kenjutsu", seus movimentos são todos baseados nos movimentos da espada, como será demonstrado posteriormente. No caso do "Aikidô", a espada foi substituída pelo Tekataná. Portanto, ao utilizarmos a mão como espada, a técnica fica muito mais fácil de ser executada, e evidentemente com maior eficiência. Os principiantes tem uma tendência de segurar com os dedos agarrados desprezando o Tekataná, o que em termos de "Aikidô", é um erro.

14) Não se esquecer dos pontos doloridos

Em vários "katas", na maioria deles, existe sempre algum ponto do corpo que deve ser pressionado. Estes locais, além de serem tocados, melhorarem o fluxo de "KI" pelo organismo, também aumentam a eficiência das técnicas. Estes pontos fazem parte da concepção do "Katá", portanto é importante que sejam ativados.

15) Se o movimento pára, entrar com um Atemi e aplicar "Henka Wasa"

Eventualmente por alguma deficiência na aplicação do "Kata" por parte de Nague, ou devido ao elevado treinamento de "Uke", ele consegue parar o movimento. Assim que ocorrer a parada, Nague deve entrar com um Atemi, e aplicar uma outra técnica (Henka Wasa).

16) Não entrar com uma técnica preconcebida, o ataque é o guia

O principiante, devido a seu pequeno domínio dos "Katas", tem o hábito, ao se ver diante de um agressor, de pensar em qual técnica irá aplicar. Se por uma infelicidade, "Uke" ataca diferente do que ele imaginou, tudo vai dar errado. Apesar da atitude "Sen-Sen no Sen" ser muito difícil de ser alcançada, o aikidoísta deve treinar para se aproximar dela, e isto sim, é perfeitamente razoável de se conseguir. O praticante não deve pensar, deve aguardar que o outro mostre perfeitamente seu ataque, para depois elaborar a defesa. Evidentemente o grau de desenvolvimento de cada um é que vai determinar quando esta percepção é atingida e distinguir o nível do praticante.

17) Nunca fixar a mente em nada em particular

Este cuidado é muito importante. Se nos concentramos em alguma coisa, fechamos nossa percepção para as demai . Os movimentos do "Aikidô" foram idealizados para se enfrentar vários ataques simultaneamente, a concentração em apenas um, torna a defesa limitada e portanto ineficiente. Por esta razão é que se diz que o egoísta jamais se tornará um bom lutador. Preocupado consigo próprio, sua mente fica bloqueada para enxergar todas as alternativas, portanto, falha, invariavelmente. O mesmo acontece com o indivíduo que quer vencer. Sua preocupação com a vitória o limita, e ele enfraquece e mesmo pode ser derrotado, se encontrar um espírito desinteressado pela frente.

18) O melhor fiscal da técnica é o fluxo de "KI"

Às vezes quando se está treinando ficamos com dúvidas, se nossas técnicas estão corretas, bem como nossos movimentos. Nosso guia deve ser o fluxo de "KI". U a vez que o sentimos, basta executar os movimentos seguindo este fluxo. Se estarmos nos movimentando segundo a corrente de energia, nossos movimentos estarão basicamente corretos. Façamos do fluxo do "KI" o nosso fiscal.

19) Entra-se pela forma e sai-se da forma

Quando se inicia o treinamento de "Aikidô" o principiante deve observar o mestre e procurar imitar exatamente seus movimentos. Com o passar do tempo vai conhecendo os "Katas" e os vai repetindo, fazendo com que seus princípios passem a fazer da ação reflexa natural defensiva de nosso cérebro inconsciente. Uma vez que todos os "Katas" são feitos naturalmente o praticante pode esquecê-los e deixar que seu próprio instinto faça "Katas", de acordo com a necessidade. Nesta fase o indivíduo atingiu a maestria, e pode e deve, "sair da forma".

20) Treinar "Aikidô" é ser, ora Uke, ora Nague

Muitos principiantes gostam de ser nague, de derrubar, de aplicar as técnicas, mas tem uma certa resistência em recebê-las. Este é um grande erro. Quando se "U e", treina-se 2 vezes, a primeira pelo fato de se expor a Nague direcionando seu "KI", desenvolve seu MA AI mais curto, o que lhe aumenta tremendamente a capacidade. Por outro lado não existe melhor exercício no "Aikidô" que cair, para fortalecer o corpo e desenvolver o aikidoísta em todos os sentidos, principalmente no aspecto espiritual. Na vida é muito difícil participar, sem liderar; "Uke", participa do movimento centralizado em Nague e se contenta com a periferia. É evidente que se fortalece espiritualmente.

21) A postura correta é fundamental

As posturas dos movimentos dos "Katas" ensinadas pelos mestres foram desenvolvidas não pelo pensamento, mas por se observar na prática que com o corpo disposto segundo aquelas formas, elas eram não só as mais naturais mas as mais eficientes. Portanto, se não está nas posturas "corretas" ensinadas pelos mestres, isto significa que ainda não estamos sentindo o fluxo do "KI", sendo importante incorporar as posturar para que o fluxo se desenvolva. O fundador dizia que as posturas técnicas lhe eram ensinadas pelos "Kamis".

22) É importante fortalecer o corpo

Muitos praticantes quando nas aulas de "AIKIDÔ" ficam se poupando fisicamente, deixam de fazer a ginástica, não se empenham nos exercícios. Ora, agindo desta forma não estarão fortalecendo a saúde e o corpo, evidentemente não poderão jamais sentir o verdadeiro "Aikidô", que exige, quando se atinge a maestria, um corpo forte, saudável, e uma mente calma e serena. A ginástica para os principiantes, mesmo para os yudanshá, nos níveis iniciais, é uma das coisas mais importantes a se praticar e a se dedicar. O corpo deve ser flexível e resistente, tanto para receber, como para aplicar as técnicas. Evidentemente cada um deve ir se exercitando de acordo com suas possibilidades, porém a idéia é se empenhar cada vez mais, tornando-se cada dia mais forte e cheio de energia.

23) Treinar com fracos e fortes

Durante a aplicação dos "Katas", devemos treinar com pessoas fracas e pessoas fortes. Os fortes nos mostram as nossas falhas, e os fracos nos ensinam a controlar os mais fortes, com sua suavidade.

24) Eventualmente testar a sua energia

Não se deve fazer demonstração de energia no "Aikidô" para valorizar o ego. Porém, eventualmente é importante que se faça, para testar nosso treinamento. Nestas ocasiões, deve-se pedir ao companheiro que tente lutar com o praticante, para verificar se seu desenvolvimento já lhe permite harmonizar-se com "Uke", fora dos "Katas", simulando uma situação de luta real. O fundamental nestes exercícios é que o espírito esteja preparado, não para exibir sua fortaleza, mas para tentar descobrir algum desvio e retornar a rota certa.

25) Em todo o Kata existe o Atemi

Quando aprendemos qualquer "Kata", mesmo que o mestre na oportunidade não o demonstre, contido nos movimentos existe sempre um "Atemi". Pode-se não aplicá-lo, porém deve ficar aberto o "Tsuki" (abertura para se atacar), para a sua aplicação durante a execução do "Kata". O Atemi evita que "Uke" tente reagir novamente, dissuadindo-o de novas agressões. O Atemi no "Aikidô" é visto como uma ação, para "despertar" o indivíduo para o mundo da harmonia e da conciliação.

26) A importância da distância de combate

Deve-se manter uma distância de combate entre Nague e "Uke". Esta distância deve ser tal que os dois fiquem em um limite. Se "Uke" entrar um milímetro no campo de Nague ele se sujeitará a um Atemi, e vice-versa. Esta distância ideal chama-se MA AI e é uma das coisas mais bonitas de se observar, quando se vê dois mestres praticando artes marciais.

27) Sem Ki não há "Aikidô"

Esta parece ser uma preocupação desnecessária porém é válida. Muitas pessoas praticam "Aikidô", pensando que os "Katas" são o objetivo da arte. Assim pensam que aprendendo um sem número de técnicas, se tornarão bons lutadores, o que é totalmente falso. O objetivo dos "Katas" é liberar o "KI", e ensinar ao inconsciente do indivíduo uma nova forma de se defender. Mas os "katas" em si, não valem muita coisa, se a energia "KI" não estiver neles incorporada.

28) A importância da atitude de combate

Por outro lado, existem pessoas que fascinadas com a energia "KI", pensam que podem desvalorizar os "Katas", e esquecer a situação de combate neles envolvida. Em primeiro lugar, se não houver combate, não existe "Budo". Em segundo lugar a situação de combate desperta no inconsciente, energias que auxiliam na liberação do "KI". "AIKIDÔ" sem situação de combate, não é "Budo", passa a ser uma espécie de Haragei (exercícios para desenvolvimento do "Hara", e do "Ki").

29) Cuidados ao entrar

Quando se entra nos "Katas", procurando o "Shikaku", devemos ter cuidado com o lado que de nós fica distante. Pés, mãos, cotovelos, joelhos, cabeça podem surpreender a Nague, se ele se esquecer de, ao entrar, se proteger de uma eventual aplicação destas partes, por "Uke".

30) O treinamento com armas

No "Aikidô" se treina com bastão, "Bokken", e com o "Kataná". Além do domínio das técnicas, que por si só é uma vantagem, ainda existe algo muito mais importante. Quando portamos uma arma estamos adicionando um corpo estranho ao nosso. Se conseguirmos fazer com que este corpo estranho se incorpore ao nosso como se fosse uma extensão de nossos braços, estaremos a meio caminho para conseguir a mesma incorporação com uma outra pessoa ou com o universo. Portanto, na visão do autor, treinar com armas é como realizar metade do objetivo do aikidoísta. Outro fator interessante, é que treinando com armas, mesmo sozinhos, fazendo Suburi, a prática não se torna monótona, permitindo que se estimule nossa intenção de intensificar nosso treinamento.

31) A parte estética

Uma das maneiras de se avaliar nosso progresso é verificar se os demais praticantes estão achando nossa movimentação bonita. Se assim o for, isto significa que os movimentos estão ficando naturais, portanto se aproximando da beleza intrínseca da Natureza.

32) A constância, a repetição

Estas duas palavras são a chave para se aprender o "Aikidô", e qualquer outra coisa na vida. No fundo são a base de I Ching, o livro das Mutações, se tivermos paciência e persistência em nossas ações haverão alterações em nosso objeto de trabalho e atingiremos nosso objetivo. Praticantes que faltam aos treinos, e não tem persistência não vão longe no "Aikidô" e tampouco na vida.

33) A velocidade

Quanto mais rápidos formos em nossas ações mais facilmente nos defenderemos no caso de uma situação de luta real, bem como em nossas ações psicológicas e correspondentes manifestações verbais. À medida que se vai praticando o "Aikidô" é importante aumentar a velocidade nos "Katas"

34) Não se esquecer que Uke tem vários potenciais de ataque

Além da parte que nos ataca "Uke" tem seu corpo inteiro para nos atacar, devemos ter isto sempre presente no espírito.

35) O controle das emoções

O treinamento do "Aikidô" leva ao controle das emoções. É importante lembrar que em uma situação de combate devemos transparecer serenidade e jamais mostrar medo ao agressor, nem tampouco deixá-lo sentir nosso estado emocional, mesmo que não seja o de "tranqüilidade". Talvez o agressor não tenha a sensibilidade para perceber nossas emoções escondidas, tornando as coisas mais difíceis para ele. É bem verdade que nos altos graus os mestres, realmente não tem medo, e se sentem sempre tranqüilos, perdendo o medo da morte. Como já foi explicado.

36) A importância do "Yin" e do "Yang"

Os "Katas" do "Aikidô" são baseados nos princípios de "Yin" e do "Yang". A mão que nos ataca é "Yang", a que fica atrás de "Uke" é "Yin". Devemos lhe oferecer nossa mão "Yin" e contraatacar com nossa mão com "Yang". Isto é fundamental para que nasça a energia e é usado em todos os "Katas".

37) Ukemi não é "cair"

Muitos principiantes pensam que "Ukemi" é cair, e ser derrotado. Esta é uma concepção errônea, "Ukemi" é um movimento qualquer que se faz com o corpo para se defender de um ataque. A única diferença é que este movimento é feito por sobre o solo, de nada difere neste aspecto de um giro como o "Irimi Tenkan", por exemplo. Podemos imaginar que o solo nos ataca e fazemos Tenkan. Assim pensando Ukemi seria um Tenkan contra um ataque do solo.

38) Treinar com energia desprezando a dor e o cansaço

A palavra "A GATSU", era muito citada pelo mestre Ueshiba. Ela significa mais ou menos a nossa gíria, "garra". Deve-se no "Aikidô", procurar nossos limites, e tentar ultrapassá-los, somente assim haverá progresso. Quem fica dentro de seus limites, não descobre novas terras. Porém jamais devemos praticar qualquer técnica sem antes aquecermos nosso corpo, evitando contusões perigosas.

39) Urá e Omote são complementares

Os "Katas" de "Aikidô" se dividem em Omote e Urá. Isto não significa que sejam diferentes. Na realidade se treina as duas formas, porque ao se aplicar uma técnica em Irimi, se encontramos resistência mudamos rapidamente para Urá e "Uke" naturalmente entrará em nosso movimento.

40) Nague faz tudo sem perder a estabilidade e o Saika No Item

Mais uma vez é importante salientar que ao se girar, cair, atacar, rolar, pular, enfim em tudo o que se faz no "Aikidô" deve-se manter a estabilidade e o espírito concentrado no "Saika No Item". Sem esta providência deixamos de ser a magnífica esfera dinâmica, citada no item 1.

41) O centro do Nague é o centro do movimento, Uke fica na periferia

A afirmativa não necessita maiores explicações.

42) O Kata de Nague deve fazer bem a Uke

Este é um cuidado muito importante que se deve ter como o parceiro ao se lhe aplicar uma técnica. Durante a aplicação devemos imaginar que "Uke" é nosso amigo, nosso companheiro, e portanto aquela ação que lhe aplicamos deve fazer-lhe bem. Assim devemos evitar a violência e a brutalidade, e irmos forçando seus músculos e articulações de modo que elas possam eventualmente doer, porém, sem danificá-las, tonificando-as.

PONTOS QUE DEVEM SER PRESSIONADOS PARA SE MELHORAR A SAÚDE QUE AS TÉCNICAS DO AIKIDÔ AUTOMATICAMENTE OS ACIONA

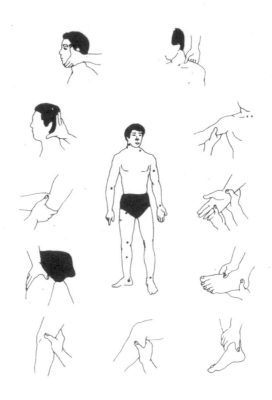

. Existem no corpo humano vários pontos importantes que se pressionados, apesar de provocarem dor intensa, podendo ser usados na defesa pessoal devido a este fato, fazem com que a energia "KI", melhor circule pelo organismo melhorando a saúde geral. Cada ponto tem uma relação direta com determinado órgão, que ao ser pressionao faz com que o mesmo funcione melhor. Durante a aplicação dos Katas, estes pontos são automaticamente ativados.

MOKUSO:
(concentração)

Este é um dos maiores e melhores exercícios para se desenvolver no Aikidô. Deve-se sentir o centro de nosso corpo físico, emocional e mental, atingindo o centro espiritual, o "self". É importante conhecer a técnica adequada ou não terá valia o exercício.

Demonstrado por Alexandre Sallum Bull (filho do autor)

REIGI (Etiqueta)

Maneira correta de sentar-se em Seiza.

Cumprimento de pé (Tachi Rei) *Cumprimento sentado (Zarei)*

ERROS

Mantenha a coluna sempre reta *Não levante os quadris*

*Exercícios de alongamentos iniciais ao **treinamento**.*

Exercícios de alongamentos iniciais ao treinamento.

Exercícios de alongamentos iniciais ao treinamento.

Exercícios de alongamentos iniciais ao treinamento.

Exercícios de alongamentos iniciais ao treinamento.

Exercícios de alongamentos iniciais ao treinamento.

TEKUBI JUHAN UNDO

IKIO

NIKIO

SANKIO

YONKIO

TEKUBI JUHAN UNDO

KOTEGAESHI

GOKYO

Demonstrado por: Sandra Martins (ensina Aikidô para crianças no Instituto Takemussu).

EXERCÍCIO DE ALONGAMENTO DOS MERIDIANOS

TEKUBI FURI UNDO
(Vibrar os pulsos relaxados)

KI

*Muitos Aikidoístas procuram por uma mágica especial que deve estender atrav
de seus dedos buscando através do misticismo o seu desenvolvimento.
Porém, desde os tempos antigos, o termo "KI" vem sendo usado como um
conceito que se estende até aos aspectos mais ordinários do dia a dia. Ele é
atividade da vida, a essência do espírito. "KI" é a vibração do som e da luz
A Luz Solar é Ki, o trovão é Ki, o vento é Ki. Ele é menor do que um átomo
maior do que as galáxias. Ele é a essência vital do Universo, a energia criativa
Deus. "KI", enche o universo e tudo ele contém desde o começo até a eternida*

EXERCÍCIOS DE LIGAÇÃO CORPO-ESPÍRITO
AIKI TAISO

TENSHI NO KOKYO – Levante os braços pronunciando AHH...! e abaixe com EII!

Com toda a energia centrada no hara, expire o ar imaginando que a energia "KI" flua pela ponta dos dedos. Nestes exercícios é fundamental a união dos 3 centros (e-motivo, físico e espiritual). A força do céu e da Terra devem ser sentidas ou o exercício não terá sentido, será apenas uma ginástica.

Projetar o Ki para frente pela ponta dos dedos pelo lado direito e esquerdo.

EXERCÍCIO DE EXPANSÃO DO "KI"

Com o "KI" concentrado no Hara, expandir a energia pelos dedos.

AME NO TORIFUNE NO GI E FURIDAMA
(Os exercícios do Misogi Shinto)

IE NO TORIFUNE NO GI (começa com o lado esquerdo a frente expressando-se o som "O" quando se vai para a frente e o som "EI" quando se vai para trás.

pois se faz pelo lado direito à frente repetindo-se o som "EI" quando se vai para a frente e "A" quando se vai para trás. Ou IE-EI e HO-EI.

FURIDAMA vibra-se as mãos unidas, imaginando-se ser o centro do UNIVERSO semente a invocação do Kami: "AMENOMINAKA NUSHI NO KAMI" na cerimônia do Misogi.

AIKI TAISO

FURIDAMA

AIKI KOSHI HINERI

SAYU UNDO

KIKUSEKI TAISO
Exercício gerador de KI, deve-se aspirar a energia do Universo e concentrá-la no Seika No Itten, fazendo-a fluir pelos dedos.

DAI ITI KYO UNDO

Ao levantar as mãos pronuncia-se "IE", ao abaixar as mãos pronuncia-se "EI".

USHIRO RYO TE KUBI TORI UNDO

EXERCÍCIOS DE MOVIMENTAÇÃO DO CORPO
TAI SABAKI

TENKAI ASHI

GO HO TENKAN

IRIMI TEN KAN

TOMA IRIMI TEN KAN

EXERCÍCIOS DE MOVIMENTAÇÃO DO CORPO
TAI SABAKI

SUARI WAZA ZEMPO IRIMI TENKAN

SUARI WAZA IRIMI TENKAN

SHIHO KIRI UNDO (Pode ser feito sem a espada)

UKEMIS (Quedas)

MAE KAITEN UKEMI – Queda para frente, rolando.

USHIRO KAITEN UKEMI – Queda para trás, rolando.

UKEMIS (Quedas)

USHIRO UKEMI

YOKO UKEMI

TAI NO HENKO

MOROTETORI KOKIU HO
(Sokumen Irimi Nague)

Yamada Sensei executando MOROTETORI KOKYU HO. Observe o leitor a extraordinária estabilidade dos quadris e o intenso fluxo de energia pelas mãos bem como a harmonia entre os 3 centros.

POSTURAS

A postura básica do aikidoísta originou-se da espada

Guarda Baixa   *Média*   *Alta*
GUEDAN   CHUDAN   JODAN

AI HAMNI   GUIAKU HAMNI
Lados iguais à frente   *Lados contrários à frente*

FORMAS DE ATAQUES MAIS COMUNS NA PRÁTICA DO AIKIDÔ

AI HAMNI KATATETORI

GUYAKU HAMNI KATATETORI

MOROTETORI AIHAMNI

RYO TE TORI AI HAMNI

RYO TE TORI GUYAKU HAMNI

GUYAKU HAMNI SÓDEDORI

USHIRO RIO TE TORI

USHIRO ERI TORI

USHIRO RIO KATA TORI

USHIRO KATATETORI KUBI SHIME

SODE DORI YOKOMEN UTI

SHOMEN UTI

TSUKI

YOKOMEN UTI

MAE GUERI

SUARI WAZA AI HAMNI   HANDACHI WAZA AI HAMNI

SHIKKO
(O Andar do Samurai agachado)

Dentro dos Castelos Feudais era proibido andar em pé. As técnicas na posição "SHIKKO" a xiliam no fortalecimento dos quadris e articulações dos membros inferiores.

stres brasileiros que ensinam Aikidô em São Paulo que gentilmente aceita-
n ser Uke do autor.

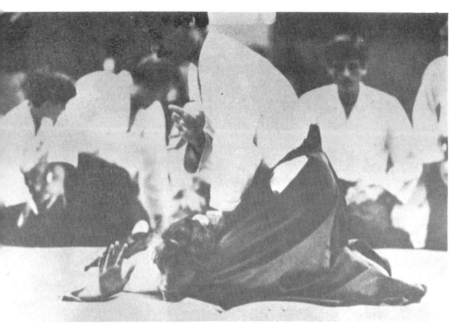

CARLOS EDUARDO DUTRA SENSEI

SEVERINO SALLES SILVA SENSEI

MA AI, DE AI, SANCHIN *são os 3 momentos de qualquer técnica de Aikidô, sendo o primeiro o momento antes da ação, o segundo o ponto de contato, e o terceiro a concentração e o estado de alerta no final.*

RYO TE TORI TENCHI UNDO (MUSSU BI UNDO)

RIO TE TORI SHIHO NAGUE UNDO

TEGATANÁ UNDO

RIO MUNE DORI TEGATANÁ UNDO

Saindo pelo lado (URÁ)

KATA MUNE DORI TEGATANA UNDO

Saindo pela frente (OMOTE)

RIO MUNE DORI TEGATANÁ UNDO

RYO TE TORI KOKYU HO (TEGATANÁ UNDO) OMOTE

RYO TE TORI KOKYU HO (TEGATANA UNDO) URÁ

MUSSUBI

Mussubi é a unidade, o poder de Deus e resolve todo o tipo de conflito. O processo de unificação dos opostos é mussubi, a reunião das duas faces de Deus. Forças centrípetas, Yang, procurando o centro, fundidas com forças centrífugas, Yin, e que tentam se afastar do centro, criam o perfeito equilíbrio entre as galáxias. Em mussubi reside o conceito de AIKI, em mussubi está o segredo da perfeição na execução de todas as técnicas de Aikidô.

GUIAKU HAMNI KATATETORI MUSSUBI NO KEIKO IRIMI

AI HAMNI KATATETORI DAI ITI KIO URÁ NO UNDO
Os praticantes vão se alternando no centro do movimento.

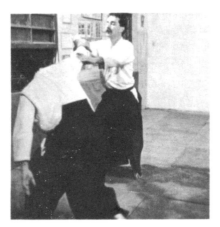

*KATETORI AI HAMNI
URÁ NO UNDO
(continuação)*

AI HAMNI KATATETORI DAI ITIKYO OMOTE NO UNDO

MOROTETORI MARU NO UNDO GUIAKU HAMNI

praticantes vão girando sem parar ora um, ora outro no centro do movimento e o outro na ...iferia.

Yamada Sensei demonstrando TENCHI NAGUE

RYO TE TORI
TENCHI NAGUE

As forças do Céu e da Terra
se encontram formando
a unidade.

AS TÉCNICAS BÁSICAS DO AIKIDÔ

KOKYU NAGUE por Ô Sensei

KOKIU

Kokiu é o alternar entre o Ying e o Yang, entre o cheio e o vazio, é a respiração entre os opostos. É a respiração que purifica todas as coisas, através da separação e reunião de elementos. A respiração é a força condutora da vida. A criação com o corpo, com o espírito e com o universo, é a respiração vivificante de Deus. Este é o poder do Kokyu.

KOKYU NAGUE

Yamada Sensei demonstrando JO TORI KOKIU NAGUE

USHIRO RYO TE TORI KOKYU NAGUE

O autor na grande demonstração de Aikidô no Ibirapuera de 22/10/89 no Festival de Artes Marciais onde foram convidados os expoentes das artes de combate no País.

GUYAKU HAMNI KATATETORI UTI KOKYU NAGUE

GUYAKU HAMNI KATATETORI KOKYU NAGUE URÁ

MOROTETORI KOKYU NAGUE OMOTE

Nague: Cid Ribeiro
Uke: Marcio Satio Miura

MOROTETORI KOKYU NAGUE URÁ

Nague: Cid de Oliveira
Uke: Marcio Satio Miura

SHOMEN UTI KIRI OROSHI SHIHONAGUE HENKA WAZA KOSHI (KOKIU) NAGUE

RYO MUNE DORI KOKYU NAGUE OMOTE

RIO MUNE DORI KOKYU NAGUE (outro ângulo)

RIO MUNE DORI KOKIU NAGUE OMOTE
Uke: **André Erdei**

MOROTETORI DAI NI KYO OMOTE HENKA WAZA KOKYU NAGUE

SHOMEN UTI DAI ITI KYO OMOTE HENKA WAZA KOKYU NAGUE

SHOMEN
UTI DAI
ITI KYO
OMOTE
HENKA
WAZA
KOKYU
NAGUE

USHIRO RYO TE TORI (GUEDAN NO KAMAE) KOKYU NAGUE

TSUKI KOKYU NAGUE

TANTO TORI SHIRO NAGUE OMOTE HENKA WAZA KOKYU NAGUE

JO TORI KOKYU NAGUE

TACHI DORI
KOKYU NAGUE

NIN-NIN GAKE KATATETORI KOKYU NAGUE

SAN NIN KAKE MOROTETORI KUBI SHIME KOKYU NAGUE

DAI IKYO

*O fundador
demonstrando
IKIO*

IKIO (O Primeiro Princípio)

Esta técnica que parece simples dificilmente é dominado. O autor já a pratica há mais de 22 anos e sempre descobre novos aspectos na mesma. Ela é a base para a maioria das técnicas de Aikidô e é um dos maiores segredos da Arte.

Yamada Sensei demonstrando IKIÖ

URÁ

OMOTE

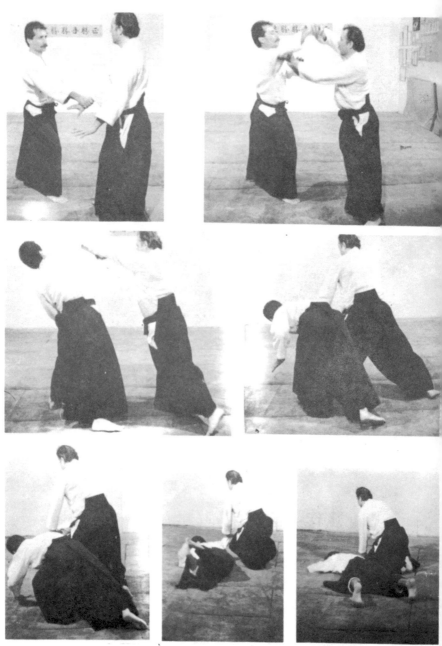

AI HAMNI KATATETORI DAI ITIKYO OMOTE

OUTRO ÂNGULO

TATETORI DAI ITI KYO OMOTE
...ta é geralmente a primeira técnica ensinada ao principiante e é uma das mais importantes,
...s as seguintes, dependem fundamentalmente do perfeito conhecimento desta.

AI HAMNI KATATETORI DAI ITI KYO URÁ

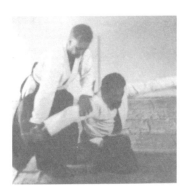

Vista de outro ângulo do final

RYO TE TORI DAI ITI KYO URÁ

Nague: Eduardo Pinto   (um dos mais antigos praticantes brasileiros).
Uke: Severino Salles Silva Sensei

GUIAKU HAMNI KATATETORI DAI ITI KIO OMOTE

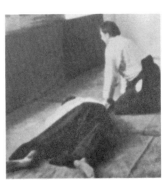

GUIAKU HAMNI KATATETORI DAI ITI KYO URÁ

SHOMEN UTI DAI ITI KIU OMOTE (KIHON)
Uke: Antonio Fontan

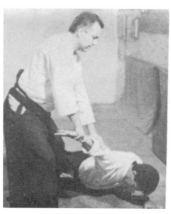

SHOMEN UTI DAI ITIKIO OMOTE
Uke: Mario Escaleira

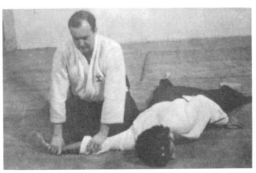

Forma Antiga para
SHOMEN UTI IKIO OMOTE
Uke: Julio Manoel Cordeiro Pires

Outra forma de fazer SHOMEN UTI IKIO OMOTE
Uke: Mario Escaleira

SHOMEN UTI DAI ITI KIO URÁ
Uke: Mario Escaleira

Movimento inicial para execução de técnicas "USHIRO KATA TORI"

vança-se o corpo rodando o "Koshi" para um lado e retorna-se com "Atemi", girando pelo entido oposto.

USHIRO RIO KATA TORI DAI ITI KIO URÁ
Uke: André Erdei

USHIRO RIO KATATORI DAI ITI KIO URÁ

YOKOMEN UTI KIRIKAESHI

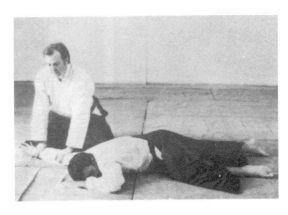

YOKOMEN UTI KIRIKAESHI DAI ITI KYO URA

USHIRO ERI TORI DAI ITI KIO OMOTE

Nague: Severino Salles Sensei
Uke: Eduardo Pinto

YOKOMEN UTI KIRI OROSHI DAI ITI KYO URÁ

Nague: Fernando Takiyama Sensei
Uke: André Erdei

SUARI WAZA SHOMEN UTI DAI ITI KYO

Nague: Alexandre Sallum Büll (7 anos)
Uke: Marcio Satio Miura

SUARI WAZA SHOMEN UTI DAI ITI KYO URÁ

Nague: Alexandre Sallum Büll (7 anos)
Uke: Marcio Satio Miura

YOKOMEN UTI KIRI KAESHI DAI ITI KYO OMOTE

TSUKI DAI ITI KYO OMOTE

MOROTETORI DAI ITI KYO OMOTE

Entrada para MOROTETORI DAI ITI KYO URA

SHOMEN UTI DAI ITI KYO OMOTE KAESHI WAZA
DAI ITI KYO URÁ

Uke: **Fernando Takiyama Sensei**, *mestre instrutor do Instituto Takemussu, um dos mais ar praticantes do Aikidô Paulistano.*

DAI NIKYO

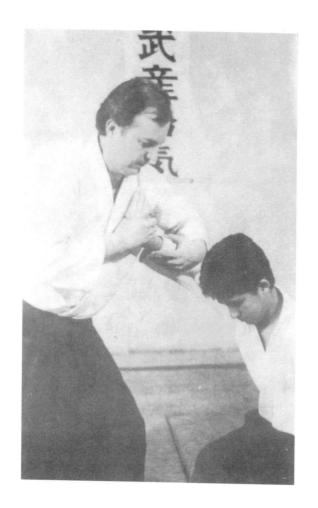

 DAI NIKYO (O Segundo Princípio)

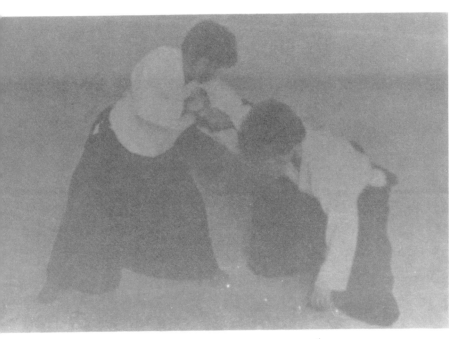

Yamada Sensei mostrando DAI NI KYO URÁ

AI HAMNI KATATETORI DAI NIKYO OMOTE

AI HAMNI KATATETORI DAI NIKIO OMOTE
Uke: Carlos Eduardo Dutra Sensei

AI HAMNI KATATETORI DAI NI KIO URÁ

AI HAMNI KATATETORI DAI NIKYO URÁ

SHOBU AIKI

"Os ensinamentos de Morihei Ueshiba começaram com o Aikijiujitsu tornaram-se Aikidô, e posteriormente TAKEMUSSU AIKI. SHOBU AIKI, (A Sabedoria Aiki), foi sua evolução final e sua última mensagem" ·

DETALHES DO DAI NI KYO URÁ

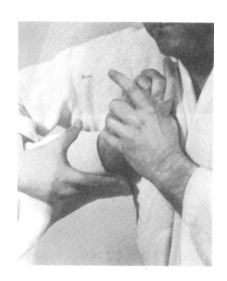

Se UKE não dobrar o braço, entrar no cotovelo fazendo UDE KIME OSSAE.

SHOMEN UTI DAI NIKIO URÁ
Uke: Manoel de Souza Lima Filho

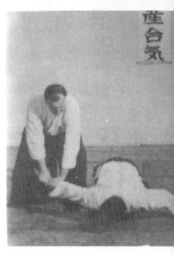

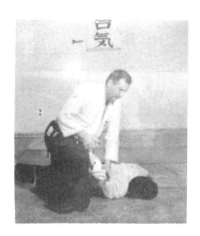

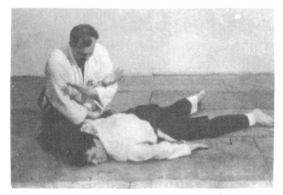

SHOMEN UTI DAI NIKIO URÁ
Uke: Manoel de Souza Lima Filho

SODE DORI SHOMEN UTI DAI NIKIO URÁ

SHOMEN UTI DAI NIKIO OMOTE
Uke: Silvia

DAI SANKYO

 SANKYO (O Terceiro Princípio)

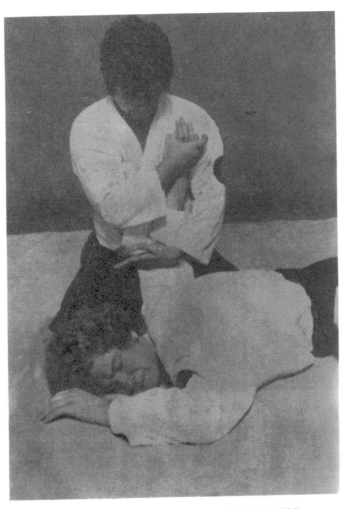

Yamada Sensei mostrando final de DAI SAN KYO

AI HAMNI KATATE TORI
DAI SANKYO OMOTE

AI HAMNI KATATETORI DAI SAN KYO URÁ

SHOMEN UTI D'AI SANKYO OMOTE

SHOMEN UTI DAI SANKYO OMOTE
Uke: Mario Escaleira

SHOMEN UTI DAI SANKIO URÁ
Uke: Antonio Fontan Neto

DAI YONKYO

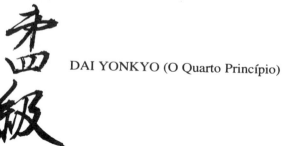 DAI YONKYO (O Quarto Princípio)

Yamada Sensei demonstrando YONKYO

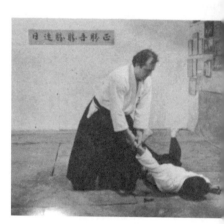
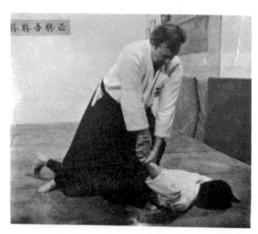

KATATETORI AI HAMNI DAI YONKYO OMOTE

AI HAMNI KATATETORI DAI YONKYO URÁ

SHOMEN UTI DAI YONKIO OMOTE
Uke: Julio Manoel Cordeiro Pires

SHOMEN UTI DAI YONKYO URÁ
Uke: Julio Manoel Cordeiro Pires

DAI GOKYO

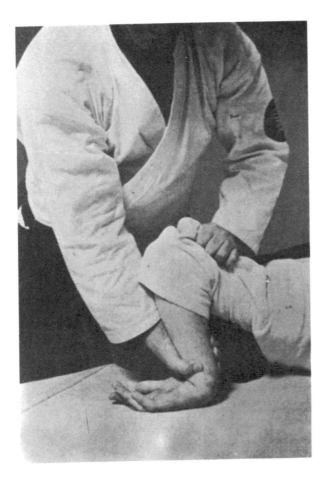

DAI GOKYO (O Quinto Princípio), demonstrado por Yamada Sensei)

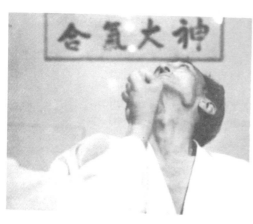

TANTO TORI DAI GOKYO URÁ
Uke: Fernando Takiyama Sensei

YOKOMENUTI KIRI
KAESHI DAI GO KYO URÁ

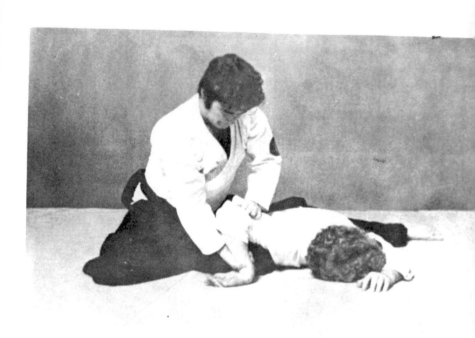

Yamada Sensei demonstrando GOKYO

SHIHO
NAGUE

Yamada Sensei demonstrando SHIHO NAGUE

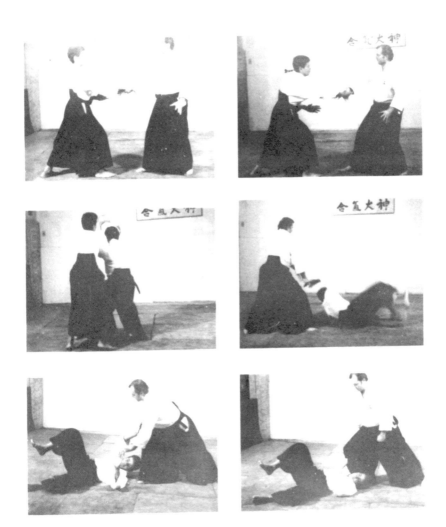

AI HAMNI KATATETORI SHIHO NAGUE OMOTE

AI HAMNI KATATETORI SHIHO NAGUE URÁ

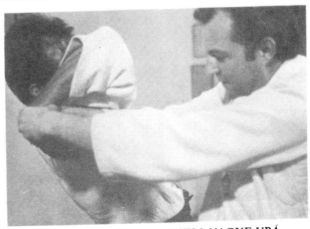

AI HAMNI KATATETORI SHIHO NAGUE URÁ

SHOMEN UTI SHIHO NAGUE URÁ
Uke: Nilson Assy

SHOMEN UTI SHIHO NAGUE URÁ
Uke: Nilson Assy

SHOMEN UTI SHIRO NAGUE OMOTE
Uke: Manoel de Souza Lima

HAMNI HANDACHI WAZA GUIAKU HAMNI KATATE TORI SHIRO NAGUE OMOTE

Handachi — Waza Yokomen-uti Shiho nague Omotê

Prof. Nelson Alves do Instituto Takemussu Rio de Janeiro

MOROTETORI SHIRO NAGUE OMOTE

USHIRO KAMI
TORI SHIHO
NAGUE OMOTE
Uke: André Erdei

KAITEN NAGUE

Yamada Sensei demonstrando KAITEN NAGUE

AI HAMNI KATATETORI KAITEN NAGUE OMOTE

.: *Para se fazer a técnica em Urá usa-se a mesma entrada de OMOTE e depois gira-se em volta do parceiro como em Uti Kaiten Urá na folha seguinte.*

GUIAKU HAMNI KATATETORI UTI KAITEN NAGUE URÁ

OMEN UTI KAITEN NAGUE OMOTE
e: Eduardo Maruyama

SHOMEN UTI KAITEN NAGUE URÁ
Uke: Paulo Santos

TSUKI KAITEN NAGUÉ OMOTE

GUYAKU HAMNI KATATETORI SOTO KAITEN NAGUE OMOTE

Nague: Fernando Takiyama Sensei
Uke: Luiz Erdei (Um dos fundadores do Instituto Takemussu)

IRIMI NAGUE

Yamada Sensei demonstrando IRIMI NAGUE

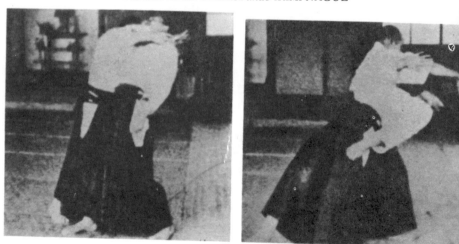

O Fundador demonstrando IRIMI NAGUE

AI HAMNI KATATETORI IRIMI NAGUE OMOTE

Yamada Sensei demonstrando IRIMI NAGUE

AI HAMNI KATATETORI IRIMI NAGUE URÁ

SHOMEN UTI IRIMI NAGUE OMOTE
Uke: Antonio Fontan

SHOMEN UTI IMMI NAGUE URÁ
Uke: Paulo Santos

TSUKI IRIMI NAGUE OMOTE

SUARI WAZA SHOMEN UTI IRIMI NAGUE URÁ

SUARI WAZA SHOMEN UTI IRIMI NAGUE URÁ

MAE GUERI IRIMI NAGUE OMOTE

Nague: Marcio Satio Miura
Uke: Cid Ribeiro

MAE GUERI UCHI IRIMI NAGUE
Uke: André Erdei

GUIAKU HAMNI KATATETORI KOKYU HO (SOKUMEN IRIMI NAGUE)

USHIRO RYO TETORI KOKYU NAGUE HENKA WAZA SOKUMEN IRIMI NAGUE

322   *GUIAKU HAMNI KATATETORI SOKUMEN IRIMI NAGUE*
Nague: André Erdei
Uke: Luis Erdei

JO TORI SOKUMEN IRIMI NAGUE

*AI HAMNI KATATETORI
EN NO IRIMI URÁ*

KOTE GAESHI

KOTE GAESHI (Outro princípio básico das técnicas)

Yamada Sensei demonstrando KOTE GAESHI

AI HAMNI KATATETORI KOTE GAESHI NAGUE OMOTE

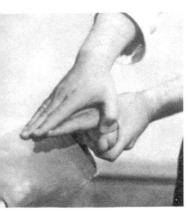

AI HAMNI KATATETORI KOTEGAESHI NAGUE OMOTE

GUIAKU HAMNI KATATETORI KOTEGAESHI NAGUE OMOTE

Nague: *Fernando Takiyama Sensei*
Uke: *Francisco Erdei*

SHOMEN UTI KOTEGAESHI NAGUE OMOTE
Uke: Mario Escaleira

SHOMEN UTI KOTEGAESHI NAGUE OMOTE
Uke: Silvia Marangão

TSUKI KOTEGAESHI NAGUE URÁ

KOTEGAESHI NAGUE

USHIRO RIOTE KUBITORI KOTEGAESHI NAGUE OMOTE

TANTO TORI KOTEGAESHI NAGUE

DEFESA CONTRA REVÓLVER PELA FRENTE

KOTEGAESHI NAGUE URÁ

Nague: Alexandre Sallum Büll (aos 7 anos)
Uke: Marcio Satio Miura

DEFESA CONTRA REVÓLVER POR TRÁS

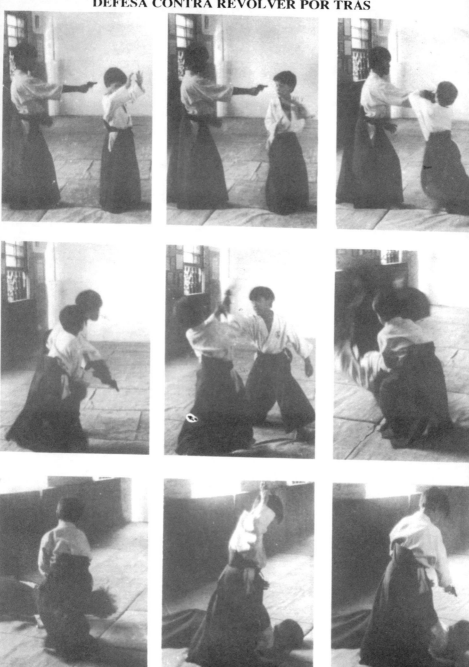

338 Nague: Alexandre Sallum Büll (aos 7 anos)
Uke: Marcio Satio Miura

TÉCNICAS ESPECIAIS

Ô Sensei demonstrando KATA GURUMA

Yamada Sensei demonstrando KOSHI NAGUE

GUIAKU HAMNI KATATETORI KOSHI NAGUE

SHOMEN UTI KOSHI NAGUE OMOTE

SHOMEN UTI KIRI OROSHI KOSHI NAGUE

As técnicas de Kokio nague são muito simples porém muito eficientes como defesa pessoal quando corretamente aplicadas

É fundamental apreender a cair bem antes do principiante pretender alcançar os graus superiores

SHOMEN UTI KIRI OROSHI KOSHI NAGUE

USHIRO KATATETORI KUBI SHIME KOSHI NAGUE

SHOMEN UTI DAI ITI KIO OMOTE HENKA WAZA KOSHI NAGUE

SHOMEN UTI KATA GURUMA

ALGUNS ATEMIS POSSÍVEIS NAS TÉCNICAS BÁSICAS

Os chutes são praticados excepcionalmente no Aikidô, porém não devem ser omitidos do treinamento, na opinião particular do autor, uma vez que representam grande poder de ataque, com o qual, o Aikidoísta precisa estar fami-

Alguns tipos de chutes

RYO MUNE DORI KOKYU NAGUE SUTEMI WAZA

Nague: Alexandre Sallum Büll
Uke: Marcio Satio Miura

TSUKI TEMBI NAGUE

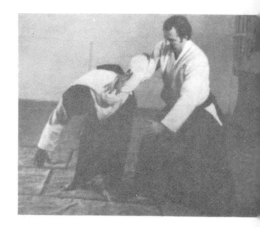

GUIAKU HAMNI
KATATETORI
UDE GARAMI

Yoshimitsu Yamada demonstrando UDE KIME NAGUE

USHIRO RYO TE TORI JUJI GARAMI NAGUE

*a finalização de JUJI GARAMI no
o com imobilização.*

AI HAMNI KATATETORI UDE KIME NAGUE (JUJI NAGUE)
Uke: Fernando Takiyama Sensei

Jotori Kokiu Nague

No Aikido quem executa as técnicas precisa ficar calmo e tranquilo

TSUKI UDE HIJIKI

HAMBO TORI HIZA HIJIKI OTOSHI
Uke: Marcio de Oliveira Ferreira

USHIRO TORI MIZU NO KOKORO UNDO

SHOMEN UTI KOKYU NAGUE KUBI-SHIME

SHOMEN UTI AIKI NAGUE

Nague: Alexandre Sallum Büll (filho do autor aos 7 anos)
Uke: Marcio Satio Miura

SHOMEN UTI MAE AIKI OTOSHI

MOROTETORI USHIRO KIRI OTOSHI

EXERCÍCIOS NORMALMENTE EXECUTADOS NO FINAL DA PRÁTICA

SUARI WAZA KOKYU HO

HAISHIN UNDO (Para estiramento dos músculos e relaxamento do corpo)

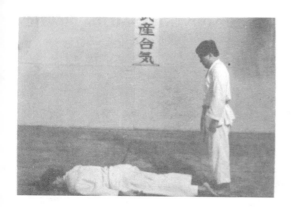

Massagem para melhorar o fluxo de energia pelo corpo. Normalmente executada no final d treinamentos.

CONCLUSÃO

Este artigo foi escrito por Terry Dobson, um americano que na década de 50 foi viver no Japão treinando com o Fundador do Aikidô. É uma das coisas mais bonitas e explicativas que o autor já viu sobre a arte do Aikidô.

UMA RESPOSTA BRANDA...

O trem avançava sacolejante pelos subúrbios de Tóquio naquela tranqüila tarde de primavera. Nosso vagão estava relativamente vazio – apenas algumas donas-de-casa com seus filhos e algumas pessoas idosas que iam fazer compras.

Em uma estação, as portas se abriram e repentinamente a quietude da tarde foi destruída por um tipo que entrou gritando palavrões violentos e incompreensivelmente. Era um grandalhão que trajava roupas simples de operário mas estava sujo e bêbado. Gritando, ele esbarrou numa mulher que segurava um bebê. O golpe fez com que ela girasse e fosse cair no colo de um casal idoso, mas por milagre o bebê não se feriu.

Aterrorizado, o casal mudou-se para o outro lado do vagão. O trabalhador apontou um chute para o traseiro da mulher que se afastava mas errou enquanto ela atingia uma distância segura. Isto de tal modo enfureceu o bêbado que ele agarrou com força o cano de metal no centro do vagão e tentou arrancá-lo de seu lugar. Pude ver que uma de suas mãos estava cortada e sangrando. Fiquei de pé.

Eu era muito jovem na época, cerca de 20 anos atrás, e estava em excelente forma física. Havia treinado oito horas de Aikidô quase que diariamente durante três anos. Eu gostava de saltar e lutar. Achava que era durão. O problema é que minha habilidade não havia sido testada em combate real. Como estudante de Aikidô, não nos era permitido lutar.

"O Aikidô", meu mestre havia dito muitas e muitas vezes, "é a arte da reconciliação. Qualquer um que tenha em mente lutar quebrou sua conexão com o universo. Se você tentar dominar as pessoas já estará derrotado. Nós estudamos como resolver um conflito, não como começá-lo". Eu ouvia suas palavras com atenção. Fazia o melhor que podia. Cheguei até mesmo a cruzar a rua para evitar lutar com uma gang de punks que vivia nas redondezas das estações de trem. Minha impaciência me exaltava. Eu me sentia ao mesmo tempo durão e santo. Dentro de meu coração, no entanto, queria uma oportunidade absolutamente legítima de poder salvar o inocente destruindo o culpado.

É agora! disse a mim mesmo ao me levantar. As pessoas estão em perigo. Se eu não fizer algo rápido, alguém provavelmente vai sair ferido.

Ao me ver levantar, o bêbado percebeu uma chance de focalizar sua raiva. "Aha!" rosnou ele. "Como estrangeiro, você precisa de uma lição de boas maneiras japonesas!"

Segurei firme no apoio do vagão e lancei a ele um lento olhar de repugnância e desprezo. Meu plano era desmontá-lo, mas ele teria de fazer o primeiro movimento. Queria que ele ficasse maluco de raiva, então enruguei os lábios e joguei-lhe um beijo zombeteiro.

"Certo!" gritou ele. "Você vai ter uma lição." Procurou firmar-se para me atacar.

Uma fração de segundo antes que pudesse se mover, alguém gritou "Hei!" Foi ensurdecedor. Ainda me lembro da qualidade estranhamente jovial e cantante daquela voz. Era como se você e um amigo estivessem cuidadosamente procurando alguma coisa e repentinamente ele tropeçasse nela. "Hei!"

Virei-me para a esquerda; o bêbado virou-se para a direita. Ambos fixamos o olhar em um velhinho japonês, que deveria ter bem um setenta anos e era bem magrinho. Ali estava ele sentado, vestindo seu maculado kimono. Ele não tonou conhecimento de minha presença, mas olhava com encanto para o trabalhador, como se tivesse um importantíssimo, muitíssimo benvindo segredo a compartilhar.

"Vem cá", disse o velhinho em linguagem simples, acenando para o bêbado. "Vem conversar comigo" e acenou de leve com a mão.

O grandalhão acompanhou o gesto como se estivesse preso a um cordão. Plantou seus pés beligerantemente diante do cavalheiro e falou alto encobrindo o barulho das rodas do trem. "Para que devo falar com você?" O bêbado estava agora de costas para mim. Se seu cotovelo se movesse um milímetro eu o teria derrubado.

O velhinho continuava a se dirigir ao trabalhador. "Que é que você esteve bebendo?" perguntou com os olhos brilhando de interesse. "Estive bebendo sakê", gritou de volta o trabalhador, "e não é nada de sua conta!". Gotículas de saliva caindo sobre o velho.

"Oh, isto é maravilhoso", disse o velho, maravilhoso mesmo! Sabe, eu também adoro sakê. Todas as tardes eu e minha mulher (ela tem 76 anos, sabe), nós aquecemos um pequeno frasco de sakê e o levamos ao jardim e nos sentamos em um velho banco. Olhamos o sol se por e olhamos também como está indo nosso pé de caqui. Foi meu avô que plantou aquela árvore e ficamos preocupados sobre se ela conseguirá se recuperar das tempestades de neve que tivemos no inverno passado. Nossa árvore tem, no entanto, ido melhor do que eu esperava, especialmente se levarmos em conta a fraca qualidade do solo. É muito bom observar quando tomamos nosso sakê e quando saímos para aproveitar a tarde – até mesmo quando chove!" Ele olhava para o trabalhador com os olhos brilhando.

Enquanto lutava para acompanhar a conversa do velho, o semblante do bêbado começou a suavizar-se. Seus punhos lentamente se soltaram. "Sim", disse, "adoro caquis também..." Sua voz se arrastou.

"Sim,", disse o velho sorrindo, "e tenho certeza que você tem uma esposa maravilhosa".

"Não", respondeu o trabalhador. "Minha esposa morreu". Muito lentamente, balançando com o movimento do trem, o grandalhão começou a soluçar. "Eu não tenho esposa, não tenho lar, não tenho trabalho. Estou tão envergonhado de mim mesmo". Lágrimas rolavam pelo seu rosto; um tremor de desespero percorreu seu corpo.

Agora era minha vez. Ali, de pé, na minha bem cuidada inocência, minha idéia de justiça "vamos-tornar-este-mundo-seguro-para-a-democracia", de repente me senti mais sujo do que ele.

O trem chegou em minha parada. Quando as portas se abriam, ouvi o velho dizendo compassivamente. "Que pena, realmente isto é algo muito difícil", disse ele, "sente-se aqui e me conte tudo".

Virei a cabeça para um último olhar. O trabalhador estava sentado todo solto sobre o banco, com a cabeça no colo do velho. O velho suavemente tocava nos cabelos sujos e embaraçados.

Enquanto o trem partia, sentei-me em um banco. O que eu quis fazer com os músculos tinha sido realizado com palavras gentis. Eu acabara de ver o Aikidô testado em combate, e sua essência era amor. Eu teria de praticar a arte com um espírito totalmente diferente. Muito tempo ainda se passaria antes que eu pudesse falar em resolução de conflitos.

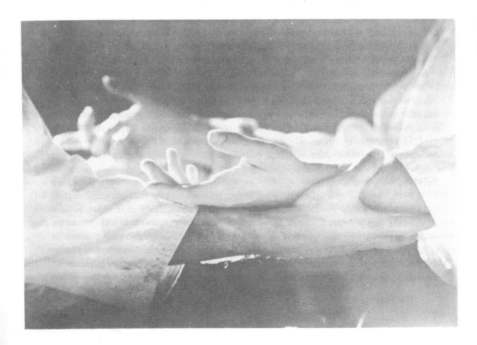

APÊNDICE À 3ª EDIÇÃO

Ikyo nasce no movimento espiralítico de "Sode Suri". Os movimentos naturais do Aikidô devem se originar em nossa energia interior. Tentar fazer a técnica através de uma forma existente na mente, nunca vai funcionar. O aikidoísta tem que aprender uma nova forma de agir, partindo de sua intuição. No caso de Ikyo, não adianta forçar a técnica, é necessário mandar a energia para o centro da Terra, fazendo penetrar a energia do Hara no centro do atacante, controlando-o. Também o conceito de "Tai Atari" começa a ser treinado nesta técnica, logo no início.

O princípio Nikyo envolve o corte "Kesa Guiri" (diagonal), o corte básico. Nas técnicas do Tai Jutsu do Aikidô a lâmina da espada é substituída pelo Tegatana e em todas existe um corte de espada. Segundo o autor, aí reside a verdadeira diferença entre os princípios de Ikyo até Kotegaeshi. A variação é devida a diferentes formas de cortar, provocando diferentes desequilíbrios e não como pensam alguns, uma questão apenas de torções nos braços e articulações, embora elas sejam pertinentes e necessárias para manter a conexão entre os dois Hara firme, impedindo o atacante de relaxar e assim "cortar" o Ki Mussubi. No Aikidô, como na arte da espada, a mente do praticante é a lâmina verdadeira. O aikidoísta precisa disciplinar-se de forma que aprenda a cortar, entrando no Hara do atacante com toda a sua intenção ("I"), fazendo Kokyu.

Sankyo é a representação no Tai Jutsu do corte "Kesa Guiri" para trás, através da espiral ascendente, cortando o Hara de baixo para cima. Mantendo sempre a verticalidade nesta e qualquer técnica, o nosso peso é transformado em poder e quando encontramos a força oposta ele se converte em duas forças, uma centrífuga (Aramitama) "E", e produzindo a forma da técnica e uma centrípeta (Kushimitama) "O", originando a força oriunda do Ki que vem do Hara. No Aikidô, como no paradoxo de todas as coisas do Universo, estas duas energias opostas ocorrem simultaneamente e se complementam, produzindo o conceito de Katsu Jinken, a espada que dá a vida, produzindo harmonia no lugar de destruição.

O princípio Yonkyo baseia-se no corte "Kesa Giri", levantando-se a espada e cortando atrás do Uke.

A prática com Bokken permite o treinamento de "Kurai Dachi". Este princípio ensina no lugar de tentar defender-se apenas pensando no bokken ou no ataque, o aikidoísta saca seu poder da conexão vertical "ameno ukihashi" e transmite esta energia Céu - Terra para o atacante, através de uma conexão Hara com Hara.

四方切

Shiho Giri

Shiho Nague é a expressão no Tai Jutsu do "Kesa Giri" de baixo para cima. Dominar esta técnica é fundamental para se compreender os princípios que existem nas ténicas de Nague Waza, onde o domínio de Aiki Age e Aiki Sague são indispensáveis. A postura firme e a capacidade para girar os quadris em torno do eixo vertical "Tenchi" é desenvolvida através de milhares de repetições.

SUBERU
(Dirigir com sabedoria)

Irimi Nague traduz para o Tai Jutsu a capacidade de entrar no atacante, atingir a sua retaguarda e cortar atrás do mesmo.

Muitos praticantes confundem as técnicas de Tenchi Nague onde o enfoque é desequilibrar o atacante para cima e depois projetá-lo para baixo, com o Irimi Nague que é outro princípio, ou seja, entrar no "ponto morto" que existe nas costas do atacante e desequilibrá-lo para baixo a partir desta posição. Outro cuidado importante que o aikidoísta deve ter ao executar esta técnica é não girar em torno do atacante quando entra, mas com o sentimento de passar por baixo de seu braço. Se tentar-se evitar o corte ele ocorrerá. Nesta condição esta técnica ensina que a diferença entre o sucesso (vida) e o fracasso (morte) é tão fino como uma folha de papel, como disse William Gleason em seu livro, e o autor confirma através de sua experiência de vida, a diferença entre as pessoas consideradas competentes e que não têm sucesso e as que o atingem, desde que ambas se esforçaram, é bem pequena, mas extremamente difícil de superá-la. Aparentemente um faixa preta Yondan e um Rokudan parecem idênticos ao executarem um movimento frente a olhos menos treinados. Porém, o conhecedor do Budô percebe a "folha de papel" fina

mencionada acima, que os distingue, fazendo com que os resultados finais principalmente em quem recebe a técnica, sejam sentidos bem diferentes. O mesmo acontece em todas as atividades e profissões.

No entendimento presente do autor, as técnicas do Aikidô começam quando as espadas se cruzam, Uke e Nague ao mesmo tempo em que defendem, querem atacar procurando um *"Suki"* (abertura). Assim, diante da tensão que surge a única possibilidade além do estado de *"força contra força"* é a busca do movimento espiralítico perpendicular à linha de ação das forças. Daí infinitas técnicas podem surgir. Os princípios básicos originam-se nos diversos cortes que podem ocorrer depois do *"Kokyu"* e da ligação, em cima dos quais pode se criar quantas técnicas se desejar.

IRIMI ISSOKU
(entrar no lado do atacante dando apenas um passo à frente)

Nague: Edgar Sallum Bull. Uke: Alexandre Sallum Bull - usando Irimi Issoku para concluir a técnica.

Alexandre Bull representando o Aikidô na demonstração para o Festival do Japão no Ibirapuera. O Instituto Takemussu foi escolhido para apresentar o Aikidô à colônia japonesa.

Demonstração do Sensei em dia de exame de faixas. Uke: Alexandre Bull.

Aplicações do Aikidô do Instituto Takemussu na Polícia: O Curso Takemussu Policial

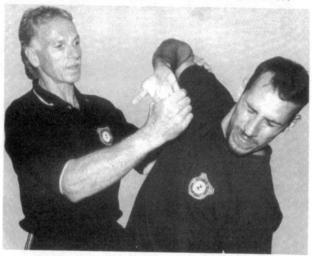

A escalada da violência urbana tem levado as polícias regulares e as forças de segurança particulares a adotarem táticas de abordagem que, em muitos casos, podem causar lesões físicas e constrangimento moral e produzir danos irreparáveis às pessoas.

Ao mesmo tempo, as entidades de defesa dos direitos humanos, a imprensa e a população de maneira geral, têm exigido de nossas forças de segurança uma postura menos truculenta no lidar com suspeitos e no patrulhamento diário das ruas. Isto coloca o policial e os membros de segurança diante de sérios dilemas, tais como:

* COMO CUMPRIR A MISSÃO DE ZELAR PELA SEGURANÇA DA COMUNIDADE SEM ENTRAR EM CHOQUE COM ELA?
* COMO REALIZAR UM PATRULHAMENTO EFICAZ SEM COLOCAR EM RISCO A PRÓPRIA VIDA, A DOS CIDADÃOS COMUNS E A DO SUSPEITO?
* COMO LIDAR COM ESTA ONDA DE VIOLÊNCIA SEM SE NIVELAR POR BAIXO NA QUESTÃO ÉTICA E MORAL?
* COMO RESGATAR A AURA DE RESPEITO JUNTO À COMUNIDADE?

O Instituto Takemussu como sempre procurou praticar um Aikidô marcial e eficiente, decidiu criar um **Curso de Defesa Pessoal e técnicas de Controle, Imobilização e Aprisionamento Policial** (sistema inspirado nas técnicas do Aikidô, como faz a Polícia Metropolitana de Tóquio).

Prof. Nelson Requena, líder do Aikidô na Venezuela, fundador do sistema de defesa pessoal e técnicas de controle policial.

Shihan Wagner Bull, 6º Dan Aikidô, Presidente da Confederação Brasileira de Aikidô e Dojo-cho do Instituto Takemussu Brazil Aikikai.

Visando ajudar a resolver este problema no Brasil, o Instituto Takemussu, reconhecido pelo CND (Conselho Nacional de Desportos), através da resolução de 1988, entidade de projeção nacional, promotora e divulgadora da arte marcial do Aikidô que é utilizada pela polícia de Tóquio e dirigida tecnicamente pelo *Shihan* Wagner Bull, possuidor do mais alto grau nesta arte até hoje (2003) concedido a latino-americanos e praticante desde 1968, decidiu reunir seu corpo de professores e alunos, constituído de advogados, mestres de artes marciais, médicos, juristas, policiais e empresários da área de segurança para, juntos, adaptarem esta experiência bem-sucedida há mais de 10 anos, testada nas ruas da Venezuela, para nosso país, visando fornecer um curso para policiais e agentes de segurança que efetivamente atenda às necessidades reais de nossas agências e entidades. A partir da experiência bem-sucedida desenvolvida na polícia de Chacao (Caracas - Venezuela) desde 1993, pelo instrutor-policial Nelson Requena, desenvolvemos um curso que permite aos participantes, em um tempo relativamente curto (aproximadamente 4 meses), conseguir dominar técnicas de aprisionamento e controle que possibilitam o completo domínio e translado de um agressor ou um suspeito, sem causar-lhe dano físico ou moral.

Wagner Bull e seu amigo, mestre Nelson Requena, no Kamiza do Dojo Central do Instituto Takemussu em São Paulo (1997).

Emblema da Academia Policial de Chacao em Caracas - capital da Venezuela, onde o curso foi desenvolvido

Emblema da Polícia de Chacao em Caracas - Venezuela

O CURSO BÁSICO DE DEFESA E TÉCNICAS DE IMOBILIZAÇÃO, CONTROLE E APRISIONAMENTO POLICIAL do Instituto Takemussu, teve sua eficiência reconhecida, não somente pela famosa Polícia de Chacao, em Caracas, Venezuela, ícone da modernidade tecnológica e treinamento efetivo de seu corpo Policial e de investigação criminal, mas também pela Brigada Vial da Polícia de Baruta (Caracas), a Polícia Aeroportuária do Aeroporto Internacional de Maiquetla (Venezuela) e o Instituto Universitário da Polícia Científica I.U.P.O.L. (Polícia Técnica Judicial) Caracas, Venezuela.

Desde a fundação da Polícia de Chacao em 1992, o professor Nelson Requena, ex-membro das Forças Armadas da Venezuela, 5° *Dan* de Aikido e instrutor policial da Academia, tem sido o artífice do conceito de desenvolvimento de um curso que permitisse aos participantes, num curto espaço de tempo (72 horas acadêmicas) atingirem a capacitação plena nas habilidades e destrezas das técnicas de defesa, aprisionamento, imobilização e controle policial, com a finalidade de dominar e neutralizar um agressor ou suspeito sem causar-lhe dano físico ou moral desnecessários. Como todas as técnicas ensinadas pelo Prof. Requena já eram conhecidas pelos professores do Instituto Takemussu, foi muito fácil desenvolver uma equipe docente pois bastou organizar-se e adaptar o Aikidô para a aplicação policial.

O curso, que prega a *"Eficiência sem Violência"*, treina os policiais e agentes de segurança no aspecto físico, mental e emocional, de forma que, ao se relacionarem com os cidadãos, tenham uma atitude e um comportamento de absoluto respeito para com o ser humano, sem deixar de exercer a sua atividade de autoridade e, acima de tudo, priorizando a proteção à integridade física de todos os envolvidos - policial, cidadão e suspeito. Este tipo de ação, além de atender a exigência mundial de respeito aos direitos humanos, também previne a promoção de ações penais (crime de lesão corporal, crime de constrangimento ilegal etc.) e cíveis indenizatórias (perdas e danos morais) contra os agentes de segurança, policiais ou instituições a quem prestam serviço.

Carga Horária

A duração total do curso é de 4 (quatro) meses com uma carga horária de aulas de uma hora e meia, durante 3 dias por semana.

Local das Aulas

As aulas do curso podem ser ministradas na unidade da instituição interessada, desde que possua área fechada com piso adequado para o treinamento, ou nas unidades filiadas ao Instituto Takemussu em todas as principais cidades do Brasil.

Ademais, a *"Eficiência sem Violência"*, concretamente usada, resgata aos Policiais e Agentes de Segurança, sua auto-estima e a autoconfiança, de maneira que, em seus relacionamentos com a comunidade, adotem uma atitude e um comportamento coerentes com a responsabilidade que lhes é delegada.

Historicamente, nos cursos oferecidos nas academias de formação policial, se interpretava que o cidadão que cometia um delito, infringia a Lei ou era considerado suspeito, deveria ser tratado como um meliante, o que justificava o aprisionamento com golpes e técnicas traumáticas que chegavam a provocar lesões graves na pessoa detida.

Este tipo de conduta, além de ir contra os Direitos Humanos, pode incitar ações em virtude de delitos ou atos ilegais tipificados nos Códigos Civis e Orgânicos do Processamento Penal na maioria dos países latino-americanos.

Finalmente, cumpre ressaltar que os fundamentos e técnicas utilizados pelo ***Curso Básico de Defesa e Técnicas de Imobilização, Controle e Aprisionamento***, foram conhecidos e aprovados por médicos, advogados e profissionais atuantes na área de Direitos Humanos, o que comprova sua eficiência e integridade ética, adaptando às condições brasileiras pelos mestres e assessores do Instituto Takemussu.

Certificado de conclusão do curso.

ValeParaibano

Vale do Paraíba, terça-feira, 13 de agosto de 2002
AVENIDA SAMUEL WAINER, 3.755 • SÃO JOSÉ DOS CAMPOS • ANO 50 • Nº 14.176 • R$ 1,25

Guarda usa arte marcial no combate ao crime

Treinamento começou ontem com aula de defesa pessoal

Estela Mari Vesaro
São José dos Campos

Os integrantes da Guarda Civil de São José dos Campos iniciaram ontem um treinamento de artes marciais para auxiliá-los no trabalho nas ruas. O objetivo é adquirir técnicas de defesa pessoal e maneiras de imobilizar um agressor.

Um grupo de 250 guardas foi dividido em turmas de no máximo 45 integrantes para receber as aulas, que acontecem na quadra do clube de campo Luso-Brasileiro, zona norte da cidade.

Cada guarda, até janeiro de 2003, vai completar 120 horas de aula. O guarda municipal terá três aulas por semana, com três horas cada aula.

O Instituto Takemussu Brasil Aikikai, de São Paulo, foi o vencedor da licitação para ministrar o curso.

O takemussu policial é uma arte marcial baseada no aikido, usado pelas polícias de Tóquio e dos Estados Unidos, segundo o professor do instituto, Fernando Sanchez.

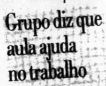

Grupo diz que aula ajuda no trabalho

São José dos Campos

Os guardas civis municipais de São José dos Campos que estão participando do treinamento de artes marciais disseram que concordam com a medida e que gostaram da primeira aula, ontem.

"Nós, mulheres, precisamos saber técnicas de defesa pessoal porque não temos força física como o homem", disse a guarda Cristiane Aparecida Claudino, 30 anos, que integra a Guarda Municipal há dois anos e meio.

Ela disse que uma mulher precisa se impor e saber conversar para não perder o controle da situação durante o trabalho.

"Temos arma mas praticamente não a usamos porque é muito perigoso. O uso poderia acarretar no ferimento de algum inocente", afirmou Cristiane.

Para ela, as situações mais difíceis são durante eventos, manifestações e para conter pessoas com problemas mentais.

O guarda Edimar Rodrigues, 38 anos, disse que já se machucou quando teve que separar uma briga. "Nós não temos técnica por isso acaba sobrando um soco ou pontapé para a gente", afirmou.

Ele disse que gostou da aula de ontem não só pelas artes marciais mas pela terapia que é o curso. "Nós ficamos na rua muito tempo, em clima de tensão", afirmou Rodrigues.

Segurança Pública
S. José usa técnica dos samurais para livrar Guarda Municipal do 'estigma da violência'
Curso implantado pela polícia venezuelana para combater narcotráfico inspira agentes da corporação; aulas duram 3 meses

Os jornais noticiaram a abordagem "eficiência sem violência" preconizada pelo curso.

390

Cerimônia de Entrega dos Certificados aos Guardas

Ouvindo o Hino Nacional o Tenente-coronel Flávio Paulo Domingos Rosa, do 1º Batalhão da Polícia Militar de São José dos Campos, o Vereador Cristovão Gonçalves, Clode Mary de Moura, secretária da Secretaria de Defesa do Cidadão de SJC, Emanuel Fernandes, Prefeito Municipal de SJC, Gustavo Médici, Promotor de Justiça e integrante do Grupo de Repressão ao Crime Organizado, Prof. Wagner Bull e o Comandante da Guarda Municipal de SJC, o Comandante de Mar e Guerra Antonio Carlos Monteiro.

Instrutor Fernando Sanchez, Prefeito Emanuel Fernandes e Prof. Wagner Bull.

O discurso do Sr. Prefeito Municipal Emanuel Fernandes. Ao lado esquerdo do Comandante Monteiro, o Vereador Miranda Ueh.

Sensei Wagner Bull entregando o diploma a um Guarda Civil Municipal de São José dos Campos, aprovado no curso Takemussu Policial.

Instrutores Alessandro Martins e Luciano Noeme mostrando com orgulho o certificado de seus pupilos.

SEMINÁRIOS E EVENTOS PROMOVIDOS PELO INSTITUTO TAKEMUSSU

Seminário de Yamada e Tamura Sensei promovido pelo Brazil Aikikai em 1997, que chamou a atenção do mundo para o grande crescimento do Aikidô brasileiro, onde o autor com o apoio de Yamada Sensei e outros mestres brasileiros, teve importância fundamental. Na década anterior, devido a leis existentes ainda no período da ditadura militar, a arte era controlada por um pequeno grupo cuja limitada visão impedia o crescimento de pessoas e organizações com pontos de vista e abordagens diferentes. Graças principalmente ao esforço pessoal do autor em Brasília, com apoio de alguns amigos, influenciando políticos e esclarecendo o problema, as autoridades foram sensibilizadas e o Aikidô ficou livre para ser praticado no país com a Resolução 020/88 do CND.

470 pessoas da FEPAI e do Instituto Takemussu realizaram este evento magnífico em 16 de maio de 2003 que selou o retorno da amizade entre Makoto Nishida e Wagner Bull e as organizações que lideram.

Fotos do Seminário de Yamada Sensei realizado em 1999 e organizado pelo Instituto Takemussu.

Aula do Prof. Wagner Bull no grande seminário organizado pelo Instituto Takemussu feito em 2000, quando compareceram mais de 500 pessoas, onde Makoto Nishida e Masafumi Sakanashi Sensei deram aulas também.

Aspecto do grande seminário de 2000 promovido pelo Instituto Takemussu no SESC Consolação.

Seminário de Wagner Bull Sensei em Lisboa - Portugal - (Novembro / 1997).

Gashuku nacional do Instituto. Sorocaba, 1998.

Godogeiko do Instituto Takemussu. Treino de instrutores em fevereiro de 2003.

ALGUNS DOS PRINCIPAIS MESTRES DO INSTITUTO TAKEMUSSU

Márcio Satio Miura, Sandan, em 1995, uma das legendas do Instituto Takemussu e um dos principais e mais próximos alunos do mestre Wagner Bull, jogando o cardiologista Fernando Sant'Anna, Sandan, e hoje (2003) Diretor-Técnico da Federação de Aikidô do Estado do Rio de Janeiro que segue a orientação do Instituto Takemussu, tem seu dojo em Cabo Frio - RJ.

Ney Tamotsu Kubo, Sandan, que começou a praticar Aikidô com Nelson Wagner dos Santos, seu cunhado. Sem nunca ter praticado artes marciais anteriormente, graças a uma disciplina oriental digna de um samurai, acabou se tornando um dos alunos mais técnicos do Instituto Takemussu. É hoje o Dojo-cho do Shugyo Dojo de Santos-SP, famoso por seus alunos que treinam com muita marcialidade e vigor. Kubo é o responsável por este resultado.

Constantino Dellis, 3º Dan. Dojo-cho do Dojo Kokoro, em Sorocaba - SP.

Felisberto Conde é amigo particular do autor e seu antigo aluno dos tempos do dojo da Rua Jussara. É um dos instrutores mais influentes e respeitados no Instituto Takemussu. Advogado, policial, lidera os Dojo Agatsu e é membro do Conselho de Ética. Possui uma técnica muito eficiente como defesa pessoal e é um dos responsáveis pela formação técnica dos instrutores do curso Takemussu Policial.

Sérgio Ricardo Coronel
3º Dan.

Fernando Sant'Anna, hoje um dos mais respeitados angioplastas do país, começou a treinar no Instituto Takemussu no começo da década de 90. Homem de grande disciplina, força de vontade e carisma, intercalava seus treinos de Aikidô no intervalo entre plantões que fazia nos hospitais. Era comum ele aparecer de madrugada na casa de seus colegas, arrancando-os da cama com sua motivação para ir treinarem com ele no Dojo Central. Adquiriu uma técnica precisa, a ponto de se tornar Sandan e Diretor-Técnico da Federação de Aikidô do Estado do Rio de Janeiro. O autor lhe tem enorme carinho e respeito por seu caráter, idoneidade, profis-sionalismo e total dedicação em tudo o que ele se propõe a fazer e por isso ele é uma pessoa de tanto sucesso. Um pai de família com filhos e esposa maravilhosos. Um exemplo de aikidoísta. Orgulho de seu professor e seus companheiros. Tem Dojo em Cabo Frio - RJ.

Paulo Farinha, responsável pelo Instituto Takemussu de Portugal.

Quando os filhos seguem o caminho dos pais, com alegria, isto significa que existe sinceridade e devoção no exemplo. Foto com Alberto e Pedro Coimbra, aspectos do presente e do futuro no Instituto Takemussu do Rio de Janeiro.

Luis Ricardo Silva, presidente da federação mineira de Aikidô e responsável pelo Instituto Takemussu em Minas Gerais.

Nelson Wagner dos Santos, Sandan, foi o introdutor do Instituto Takemussu na Baixada Santista. Grande pesquisador, é uma fonte de informações sobre o Aikidô.

Cícero Vergeti, responsável pelo Instituto Takemussu e presidente da federação alagoana de Aikidô, Nidan (em 2003).

Alexandre Bull, Fukushidoin

Paulo Teixeira Batista, introdutor do Aikidô do Instituto Takemussu em Rondônia.

Claúdio Ribeiro, Dojo-cho em Itapetininga - SP

Instrutor André Luis de Oliveira Santos, Dojocho do Maruten Dojo.

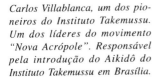

Carlos Villablanca, um dos pioneiros do Instituto Takemussu. Um dos líderes do movimento "Nova Acrópole". Responsável pela introdução do Aikidô do Instituto Takemussu em Brasília.

Eduardo Alves de Paula, que é também cantor, é instrutor em seu Dojo Tada Ima na zona Norte de São Paulo.

1969
(20 anos)

O Aikidô é um caminho para toda a vida

1990 (41 anos)

2002 (53 anos)

Apoiado nos dois pilares extremos, o da vida empresarial ocidental que visa o lucro material e o do treinamento austero espiritual-marcial japonês do Oriente que almeja a iluminação espiritual através da prática do "Aiki", o autor vem treinando, buscando colocar a mente em favor do sentimento através do Aikidô como ensinam todos os verdadeiros caminhos da sabedoria. O Instituto Takemussu reflete esta síntese.

O autor começou a praticar o Aikidô em 1968. Ao lado, seu diploma de Ikkyu - faixa marrom, quando treinava desde 1968 em Curitiba. O nível do Aikidô brasileiro na região Sul, nesta época, estava bem abaixo dos padrões internacionais, visto que Nakatani Sensei era o único instrutor que realmente havia treinado no Hombu Dojo, tendo sido companheiro de Tamura e Yamada Sensei, ensinava na época apenas no Rio de Janeiro, e infelizmente parou de dar aulas muito cedo. No entanto, tudo mudou no final da década de 70 quando chegou ao Brasil Ishitami Shikanai Sensei com o 3º Dan e aluno de Kobayashi Shihan. Também Makoto Nishida foi aprender Aikidô no Japão. No final da década de 80 Yamada Sensei decidiu ensinar ao autor os segredos da arte e apoiá-lo. Estes três fatos em conjunto foram as principais causas que motivaram o início da grande expansão do Aikidô no Brasil ocorrida na década de 90, onde o Instituto Takemussu e o grupo de Yamada Sensei tiveram influência marcante. Outro fator importante foi o esforço autodidata de outros antigos instrutores brasileiros.

Detalhe do diploma acima quando o autor foi promovido para a faixa marrom com a assinatura de Kawai Sensei. Nesta época ele dizia que tinha antepassados nobres e usava às vezes o título de Conde, Comendador e Doutor. Isso nos fazia sentir muito orgulhosos e seguros de nossa orientação.

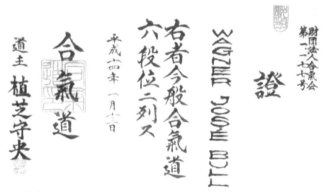

Diploma 6º Dan do Aikikai, assinado pelo Doshu Moriteru, neto do Fundador e herdeiro da tradição, o mais alto grau concedido até hoje a praticante nascido na América Latina no Aikidô, consignado ao autor através de recomendação de Yamada Sensei, aluno direto do Fundador e continuador legítimo da tradição, em outubro de 1998. Mas não foi fácil, demorou 3 décadas para ser conquistado.

Massanao Ueno, pastor xintoísta e mestre de Takemussu Aikidô, já falecido e que deixou o Aikikai seguindo a vontade de seu mestre Toshinobu Suzuki, veio ao Brasil com a missão de desenvolver o xintoísmo em nosso país na década de 80, com quem o autor teve a sorte de treinar durante 3 anos de forma intensiva, período em que ocorreu uma grande transformação em sua maneira de ver a arte do Aikidô, e onde teve a oportunidade de sentir a conexão entre o Aikidô e o xintoísmo. Esta experiência foi profunda e influenciou de forma marcante a criação posterior do Instituto Takemussu como uma organização divulgadora do Aikidô como um caminho de iluminação espiritual usando uma arte marcial como ferramenta. Ueno Sensei era extremamente marcial quando praticava o Aikidô e carregava um ar de misticismo que impregnava a todos que o cercavam. Este fato foi a grande causa que levou o autor a escrever este livro no qual Ueno Sensei o orientou e corrigiu sempre que foi solicitado. O autor lhe tem enorme respeito e gratidão. Se o Instituto Takemussu alcançou dimensão internacional devido ao apoio de Yamada Sensei, foi Ueno Sensei quem plantou as sementes no solo fértil no coração e nas mentes dos pioneiros fundadores desta instituição.

O Instituto Takemussu

Yamada Sensei e Alexandre Bull na casa do autor em 1991.

O "Birudo" com Ueno Sensei por volta de 1987. Alexandre exigia estar presente mesmo levantando no dia seguinte com sono para ir à escola.

A verdadeira história do nascimento do Instituto Takemussu aconteceu devido à insistência do filho do autor, Alexandre, que aos 3 anos e meio, teimava em treinar junto com o pai no Dojo de Ueno Sensei. A solução familiar foi iniciar uma turma de crianças 1 hora antes do treino. As crianças vizinhas foram convidadas pela esposa do autor para formar a primeira turma e ele foi transformado em professor. Dois anos mais tarde os adultos começaram a freqüentar as aulas e estas foram transferidas para um templo xintô no bairro da Saúde em São Paulo. Foi então que Yamada Sensei decidiu apoiar o trabalho do Prof. Wagner Bull. Ueno Sensei voltou para o Japão e o pequeno grupo então passou a se integrar ao Aikikai de Tóquio e daí ao ponto de se tornar uma organização internacional foi um "estalar de dedos", evidentemente graças ao trabalho conjunto de muitas pessoas que acreditaram na proposta do autor de se treinar no Brasil o Aikidô o mais próximo possível do ensinado pelo Fundador. Desnecessário mencionar que estas pessoas hoje na sua maioria são instrutores do Instituto e estão divulgando o Aikidô Tradicional (Takemussu Aiki) por todo o Brasil com sucesso.

O Instituto Takemussu é uma das entidades oficiais no Brasil representante do Aikidô Tradicional criado por Morihei Ueshiba no Japão e filiado ao Aikikai, Hombu Dojo do Japão, entidade internacional reconhecida pelo governo japonês com sede no endereço 17-18 Wakamatsu-cho Shinjuku-ku Tóquio 162-Japão.

O Instituto Takemussu tem por principais objetivos:
* Resgatar no Brasil as verdadeiras tradições do Aikidô criado por Morihei Ueshiba, corrigindo eventuais distorções;
* Difundir este Aikidô Tradicional no Brasil, formando professores e criando novos locais de treinamento;
* Dar apoio a todas as pessoas no País que queiram desenvolver a arte filiados ao Aikikai;
* Dar suporte legal às organizações nacionais que tenham objetivos similares, formando professores capacitados neste caminho de vida;
* Procurar manter o espírito do Fundador em seus treinamentos e aulas de maneira a preservar os ensinamentos de Morihei Ueshiba;
* Divulgar a idéia de que o Aikidô, além de um excelente exercício para a saúde do corpo, da mente e do estado emocional é também um caminho que aproxima os homens de Deus, que usa uma arte marcial eficiente como ferramenta de treinamento para atingir seus propósitos.

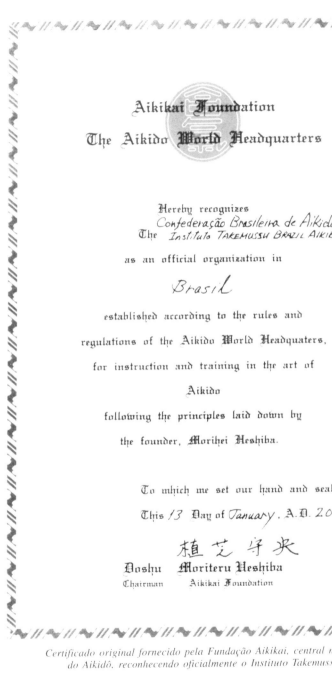

Certificado original fornecido pela Fundação Aikikai, central mundial do Aikidô, reconhecendo oficialmente o Instituto Takemussu.

MANOEL ANTONIO SCHMIDT
Tradutor Público Juramentado e Intérprete Comercial
Matrícula N° 490 da Junta Comercial do Estado de São Paulo

Praça da Sé, 21 - 14° Andar - Conj. 1409 - Tel.: (0xx11) 239.1677 - Fax: (0xx11) 3105.8603 - São Paulo - SP

LIVRO N° 0283   FOLHA N° 1   TRADUÇÃO N° 1-59.478/02

CERTIFICO e dou fé, para os fins de direito, que o texto abaixo é tradução fiel de um documento em língua inglesa que me foi apresentado pela pessoa interessada, conforme segue:

FUNDAÇÃO AIKIDAI
SEDE MUNDIAL DE AIKIDO

Pela presente reconhecemos

A CONFEDERAÇÃO BRASILEIRA DE AIKIDO
INSTITUTO TAKEMUSSU BRASIL AIKIKAI

como uma organização oficial no

BRASIL,

estabelecida de acordo com as regras e regulamentos da Sede Mundial de Aikido,

para instrução e treinamento na arte do Aikido, seguindo os princípios estabelecidos pelo fundador, MORIHEI HESHIBA.

Em testemunho do que, assino e chancelo,

no dia 13 de Janeiro de 2002.

(a.) ilegível
DOSHU MORITERU HESHIBA
Presidente da Fundação Aikikai

Nada mais constava do referido original, que devolvo ao interessado com esta tradução fiel que conferi, achei conforme e assino na data abaixo. DOU FÉ.

São Paulo, 16 de fevereiro de 2002.

MANOEL ANTONIO SCHIMIDT
Tradutor Público Juramentado

INSCRIÇÃO: RG 3.441.239 - CPF 346.307.328-53 - PMSP (ISS) 8.545.237-8 - IAPAS 110.591.000-74

Tradução juramentada oficial do documento.

Sede Central do Instituto Takemussu

ENDEREÇO PARA CORRESPONDÊNCIA

R. Mauro, 323 - São Paulo - SP - CEP 04055-040
Tel.: (11) 5581-6241 - Fax: (11) 276-8416
www.aikikai.org.br
Aulas diárias, inclusive sábados e domingos.

Área social do Instituto, sala de chá, refeitório, biblioteca e "Kamiza" do Dojo do piso inferior

APÊNDICE À 4ª EDIÇÃO

Entrevista com Wagner Büll Sensei

Sensei Wagner Büll é dirigente da Confederação Brasileira de AIkidô-Brasil Aikikai e Instrutor chefe do Instituto Takemussu em São Paulo, Brasil.

Sensei, qual é a sua base histórica no Aikidô? Quando foi a primeira vez que o senhor entrou em contato com a arte?

Comecei praticando Aikidô em março de 1969 sob a direção do Sensei Jorge Dirceu Van Zuit, um Nidan, em Curitiba. Mudei para São Paulo e treinei com o Sensei Keizen Ono até 1983. Mais tarde, conheci Ueno Massanao, um sacerdote xintoísta que abriu meus olhos para a ligação do Xintoísmo com o Aikidô.

Em 1987, iniciei o Instituto Takemussu para ensinar Aikidô como arte marcial e uma forma de vida. Também, quis de alguma maneira começar a ensinar Xintoísmo, o adaptando ao pensamento ocidental.

Por usar os termos "Takemussu" no nome da minha escola, as pessoas às vezes me perguntam se eu sigo Sensei Saito. Não, não sigo. Quando comecei a treinar sob a orientação do Sensei Yamada, perguntei a ele se eu poderia continuar praticando Aikidô como uma espécie de Shinto Missogui (purificação).

— "Existem muitas razões para treinar Aikidô", ele disse. "Faça o que desejar".

Então, na minha prática de Aikidô, continuo tentando seguir a "Forma do Takemussu", praticando o Aikidô como uma maneira para sentir as presenças dos Kami.

Por favor, diga as três influências mais importantes em seu Aikidô.

A primeira foi a do meu professor inicial Jorge Van Zuit, que me ensinou eficientes técnicas de autodefesa. Ele era um policial, um tenente. Por causa dele comecei a acreditar que com um treinamento rigoroso em Aikidô, eu poderia me tornar muito forte.

O segundo foi Ueno Massanao, um sacerdote Xintoísta que me ensinou a ligação do Xinto com o Aikidô. Com ele, aprendi Kokyu Ryoku que tornou minhas técnicas mais fortes, e diminuiu minha dependência da força muscular. Por causa dele, vim a entender a filosofia e a espiritualidade do Aikidô, o que fez eu me apaixonar pela arte e tentar arrebatar o conceito daquilo que não estava com a minha intuição. Com o Sensei, eu pude ver que o Aikidô foi um caminho a seguir no meu dia-a-dia, um tipo de devoção.

A terceira maior influência tem sido Sensei Yamada [do New York, Aikikai], um aluno direto de O-Sensei que me ensinou os movimentos do Aikidô corretamente, os muitos detalhes técnicos escondidos. Sensei Yamada confiou em mim e me deu o suporte político internacional que precisava para desenvolver as organizações que eu lidero: Aikidô Takemussu e a Confederação Brasileira de Aikidô, a "Brasil Aikikai". Antes do Sensei Yamada, minhas técnicas eram fortes, mas duras, com movimentos "quadrados". Sensei Yamada me ensinou como me movimentar e também o Uke numa maneira mais suave e circular. Sua forma circular e completamente estendida mudaram a minha maneira de ver o Kata. Mais à frente tive que ficar independente principalmente devido a ênfase que eu queria dar na parte espiritual do Aikidô.

O que o levou a iniciar seu estudo do Aikidô?

Eu era magro, tímido e tinha medo de outras pessoas. Por isso decidi praticar alguma coisa que me deixasse forte e me desse confiança. Pratiquei Karate e Boxe antes do Aikidô.

Um dia um colega de quarto me disse que alguém por ali estava ensinando uma arte marcial japonesa muito diferente. Fui conferir e desde então, tenho estado em contato diário com a arte.

Qual foi a sua impressão?

O Aikidô parecia ter muitos segredos e também permitia a uma pessoa manusear outra facilmente, sem usar força, mesmo sendo alguém mais forte. Isto parecia uma grande coisa para mim, a primeira vez que vi. Claro que não tinha idéia naquela época de que este seria o caminho que eu seguiria na minha vida. Eu tento imaginar aonde estaria hoje se não tivesse ido ver o que era o Aikidô.

No que o Aikidô difere, agora, da época que o senhor o viu pela primeira vez?

O Aikidô tem se tornado mais popular hoje, e está mais fácil de se encontrar dojo. Além disso, está mais fácil de se encontrar livros e vídeos. Quando comecei a praticar, só consegui encontrar o último livro de Aikidô de Doshu Kisshomaru, alguns filmes super-8 do Sensei Saito, uns poucos livros do Sensei Saito, e uns poucos livros do Sensei Koichi Tohei – e todos eram muito caros. Hoje tenho mais de 300 livros de Aikidô em minha biblioteca particular e por volta de 400 fitas de vídeo de Mestres do Aikidô. Eu mesmo já escrevi três livros de Aikidô e traduzi o último de Doshu Kisshomaru: *O Espírito do Aikidô* para o português.

Quando comecei, isto foi no final dos anos 60, não havia nenhum estudante de O-Sensei na América do Sul. Não havia nem mesmo alguns professores que tivessem treinado no [Aikikai] Hombu Dojo. Por mais de 10 anos, eu tive que ser autodidata.

Naquela época, professores no Brasil tinham um conhecimento muito pobre da arte. Hoje, sinto que posso ensinar em 5 anos o que levei 30 anos para aprender.

Hoje, aqui no Brasil e em muitos outros países, você pode aprender bem Aikidô se estiver realmente interessado. Durante meus primeiros anos, as coisas eram muito mais difíceis.

Alguns dos Seminários promovidos pelo Instituto Takemussu, a "Brasil Aikikai", tem atraído mais de 700 participantes. O que leva a esse sucesso?

Importantes Shihan não visitam o Brasil tão freqüentemente como eles visitam os Estados Unidos ou a Europa. Por isso, quando eles vêm, há sempre grande interesse. No entanto, no seminário que organizamos para o Doshu haviam mais de 2.015 pessoas. Foi um grande feito e me deu um trabalhão, mas valeu a pena, foi algo histórico que beneficiou enormemente a reputação do Aikidô brasileiro em todo o mundo. Passamos a ser "potência mundial" após este evento.

2.015 pessoas participaram deste que foi o segundo maior evento de Aikidô no mundo realizado pelo Instituto Takemussu e Fepai em São Paulo, em maio de 2006.

Onde foi a primeira vez que o senhor encontrou Sensei Yamada?

Conheci Sensei Yamada em Nova York em 1988. Ele me aceitou como seu aluno e, desde então, estive sob sua direção até 2001.

Para ser honesto, fiquei surpreso com Sensei Yamada. Ele me ensinou suas técnicas maravilhosas, me deu total apoio, me colocou em contato com o Hombu Dojo, e me deixou livre para praticar Aikidô com influência Xintoísta. Depois de muitos anos de organizações ditatoriais e partidárias aqui no Brasil,

Doshu Moriteru Ueshiba jantando na residência do prof. Wagner Büll em companhia de outros líderes do Aikidô brasileiro.

Doshu Moriteru Ueshiba neto do fundador do Aikidô e o prof. Wagner Büll no Instituto Takemussu maio/2006 (www.aikikai.org.br).

apareceu de repente em minha vida um Shihan democrata e tolerante. Ele sempre me deu muita liberdade, e eu o respeito muito por isso.

Sensei Yamada é um líder dos líderes. É por isso que ele tem tantos estudantes. Ele respeita a natureza das pessoas e seus desejos. Só não continuei estudando sob a orientação de Yamada Sensei porque eu gostava de xintoísmo e queria me aprofundar na parte espiritual e Yamada Sensei não focalizava muito este aspecto. Ele gostava mais de trabalhar a técnica pela técnica.

O senhor sempre viaja para o exterior para participar de seminários e encontros internacionais de Aikidô. Quais as suas impressões sobre os diferentes estilos de Aikidô praticado ao redor do mundo? Eles são mais espiritualmente orientados, mais marcialmente orientados, ou são basicamente o mesmo?

Todos eles têm uma coisa principal em comum: o amor pelo Aikidô.

Obviamente, cada instrutor enfatiza o que é mais importante para ele no momento. Quando você entra em um dojo, está estudando o Aikidô peculiar de um Sensei, não simplesmente Aikidô. O que nós estamos estudando hoje são visões pessoais e interpretações dos ensinamentos de O-Sensei. Nós brasileiros, temos uma vantagem, a colônia japonesa no Brasil nos influenciou bastante, isto facilita as coisas em termos de compreender o que se passa no dojo.

A sua família está envolvida no Aikidô? O senhor acha que é importante envolver as famílias dos seus estudantes com o dojo?

Eu sou casado e tenho dois filhos. Ambos praticam Aikidô. O mais velho, Alexandre, tem 26 anos e já é um Yondan, e Edgar com 22 anos. Alexandre tem praticado desde os 3 anos de idade e o Edgar desde os 6. Alexandre queria praticar, então convidei as crianças da vizinhança e comecei uma turma. Meu filho Alexandre foi meu primeiro aluno.

Acho que é muito importante envolver a família nas atividades do dojo, porque o Aikidô é uma forma de vida. Quando você começa a praticar, começa a mudar suas atitudes e sua maneira de pensar. É importante que a família caminhe junto ou, eventualmente, conflitos podem aparecer, especialmente em relacionamentos envolvendo marido e mulher.

Eu tive sorte que meus filhos praticassem Aikidô. Não fosse isto eu brigaria com a minha esposa todos os dias pelo fato de eu passar tantas horas fora de casa no dojo. As mulheres tendem a fazer o que os filhos gostam, sem reclamar.

Como o Aikidô mudou sua vida?

Minhas raízes estão na Alemanha e Itália, e ambos, alemães e italianos têm guerras em suas veias.

413

O Aikidô me ensinou a tentar harmonizar as forças ao invés de pensar em termos de ganhar ou perder. Isso ajudou a me tornar mais calmo, mais feliz, mais pacífico, e mais equilibrado. O Aikidô também me ensinou como sustentar amizades, mesmo se eu discordar dos meus amigos. Lentamente, o treinamento de Aikidô tem mudado a minha atitude e a minha maneira de pensar. Dia após dia, eu sinto que estou me tornando mais tolerante, mais compassivo, e menos agitado. Claro que a idade e a experiência têm contribuído, especialmente por eu ser líder de uma organização de Aikidô. Hoje em dia eu sou o líder de um grupo com mais ou menos cento e vinte dojos no Brasil e em outros países. Não é uma tarefa fácil, mas eu tenho aprendido muito lidando com pessoas. Aprendi que é importante respeitar as pessoas, mesmo se eu discordo delas. É muito difícil aceitar idéias e um comportamento diferente do seu próprio, mas essa habilidade é fundamental para um líder cuja função está mais para representar outros que para fazer com que eles façam o que ele quer. A tolerância é fundamental, mas melhor que isto é a consciência de que cada um é diferente e que temos que aceitar e gostar do mundo como ele é e não como idealizamos buscando pólos.

Que método o senhor usa para ensinar Aikidô?
Varia de acordo com o aluno. Normalmente começo ensinando a noção do centro, o Seika no itemi. Eu ensino às pessoas a relaxar. Tento ensinar as pessoas como passar a força do centro delas para a dos parceiros. Então eu ensino Ukemi e Kusushi, tirando o equilíbrio do Uke. Depois, ensino Mussubi (união) e Kokyu (adaptação) – como unir com o parceiro e movê-lo de maneira circular, controlando o centro dele. Em todas essas fases de ensinamento, chamo a atenção do aluno para a importância de não deixar Tsuki (aberturas) lembrando que o Aikidô é um Budo. Eu não ensino essas coisas separadamente, mas a ênfase segue a ordem que descrevi. Também ensino movimento de Bokken Suburi, especialmente o corte de Shomen. Acredito que a prática de Bokken ajuda os iniciantes a sentirem a linha central e entender como desenvolver o poder do Hara.

A todo momento tento mostrar aos alunos a ligação dos movimentos com as suas vidas diárias, mostrando que Waza é uma metáfora para as situações da vida. Conflitos na vida são inevitáveis, mas é sempre possível tirar resultado positivo e construtivo.

Além disso, em todas as aulas eu digo às pessoas que a razão principal para a prática do Aikidô é purificar nossos corpos, emoções e mentes em razão de produzir Missogui. Desta forma, eles podem entrar em sintonia com a natureza, ou Deus.

Quais são as qualidades necessárias para um bom instrutor? O que o senhor considera ser uma boa aula?

Um bom instrutor deve ser sincero e honesto com seus alunos e especialmente com ele mesmo.

Um bom instrutor deve sempre continuar praticando, tentando desenvolver e crescer junto com seus alunos.

Um bom instrutor deve encontrar o prazer de ensinar.

Além disso, um bom instrutor nunca pode ver seus alunos como clientes. Mensalidades sempre devem ser contribuições que os alunos dão em gratidão pelos ensinamentos. Um instrutor não pode vender técnicas, mas deve concedê-las àqueles que as mereçam. Tudo bem em ganhar dinheiro ensinando, mas a arte não pode ser prostituída. No dojo, a posição que o aluno alcança deve ser aquela que ele ou ela tenha conquistado no tatame através de treinamento árduo. A posição ou títulos que alunos tenham fora do dojo não podem ser considerados pelo instrutor de nenhuma forma.

O senhor alguma vez precisou usar o Aikidô em algum conflito em sua vida diária?

Eu uso o tempo todo, espiritualmente e mentalmente, também já usei em ataques físicos em umas três ou quatro vezes em minha vida. Tenho lidado sempre com as situações sem problemas. Uma coisa interessante é que quando fui atacado fisicamente, não usei o Aikidô Waza tradicional. Cada vez que usei o Aikidô como autodefesa, fiz algo criado no calor do momento.

O que o senhor vê como o futuro do Aikidô?

Infelizmente, existem muitas pessoas negligenciando o aspecto marcial do Aikidô, enquanto outros estão negligenciando a sua parte religiosa. Esses são erros imensos. Como o Fundador o idealizava, o Aikidô é uma religião, uma forma de vida, que usa uma arte marcial como ferramenta para alcançar uma iluminação, a harmonia e a felicidade.

Pelo mundo, tenho visto muitas pessoas praticando Aikidô como um tipo de dança, desconhecendo existir uma filosofia por trás dos movimentos. Enquanto a idéia de Missogui, Kokyu, Shugyo, Masakatsu, Agatsu, Kokoro, Zanshin e Mussubi são fundamentais para o Aikidô, muitas pessoas não sabem nem mesmo traduzir estes termos para sua língua. Então como essas pessoas podem amar o Aikidô pelo resto de suas vidas e fazer a arte crescer onde elas moram? As pessoas vão fazer isso só pelos movimentos, pela saúde, ou pela diversão? Eu acho que não! É importante que aqueles que estão encarregados de ensinar, estudem e aprendam as raízes técnicas e espirituais do Aikidô. Dessa maneira, as pessoas podem estudar isso pelas suas vidas. Na minha visão, o vigor da técnica, o ensinamento da filosofia Aiki, e a reverência pela religião devem estar presentes em todas as aulas de Aikidô, se quisermos mantê-lo crescendo no futuro.

O futuro do Aikidô vai depender do que os professores fizerem para que os alunos entendam a grandeza da arte. Acho que estou fazendo a minha parte no Brasil. Tenho praticado nos últimos 31 anos, já escrevi três livros de Aikidô, repetindo o que os grandes mestres disseram em seus livros e aulas, e traduzi o livro de Doshu Kisshomaru para o português. Escrevo constantemente para os jornais e revistas. Ano após ano, eu graduo instrutores e encorajo os meus alunos a abrirem dojo. Creio que meu último livro, *Aikidô Takemussu Aiki* deveria ser lido por todos os aikidoistas brasileiros e quem quiser se aprofundar pode adquirir além do *Manual Técnico*, o *Aikidô – O Caminho da Sabedoria*, que é a maior e mais completa obra até hoje escrita sobre Aikidô no Ocidente; são três volumes e cerca de 1.500 páginas.

Que conselhos o senhor daria aos que estão iniciando no Aikidô?

Eu os aconselharia a sempre manter o sentimento de ser um iniciante. O iniciante não deve pensar que entende 100% de algo. É impossível até para um mestre. Só o Kami (Deus), é perfeito e, na maneira japonesa de pensar até um Kami pode errar.

Outra coisa importante é seguir o seu Sensei. Como diz o velho ditado, "escolha o seu professor cuidadosamente, e então, o siga com todo o seu coração".

Tive muita sorte, conheci o monge xintoísta Massanao Ueno, que me mostrou que o Aikidô era uma ferramenta marcial para se atingir a iluminação espiritual. Com esta meta bem definida acabei treinando com mais de 30 alunos diretos do Fundador e criando o Instituto Takemussu (www.aikikai.org.br) para trazer ao Brasil o verdadeiro ensinamento do mestre Morihei Ueshiba. Estes esforços foram recompensados, o grupo cresceu muito e constituímos a Confederação Brasileira de Aikidô – Brasil Aikikai (www.aikikai.com.br). Em 13/01/2002 esta organização foi reconhecida pelo Aikikai Hombu Dojo do Japão, e o Doshu me autorizou a examinar para promoção, em seu nome, de pessoas para todos os graus. Graças a este apoio pude endossar e reconhecer todas as pessoas que me seguiam oficialmente e resgatar o correto ensino do Aikidô no Brasil, que infelizmente por falta de oportunidades estava meio perdido no nosso país. Certamente, hoje, o Aikidô brasileiro está entre os de mais alto padrão do mundo, e fico feliz porque sei que tive participação importante e sou grato a meus alunos e pessoas que me apoiaram nesta obra. Muito obrigado.

VOCABULÁRIO

A

AGE – Significa um movimento ascendente.
AGE-TSUKI – Soco de baixo para cima, equivalente ao "upper cut".
AGE-UKE – Bloqueio de baixo para cima contra ataques altos.
AGO – Queixo.
AI – Idéia de unir, juntar, amor.
AIKI – Idéia de unir os "KI", idéia central do Aikidô.
AIKI KAI – Qualquer Dojo filiado a Fundação Aikikai do Japão.
AIKI TAISO – Exercícios específicos para desenvolver a estabilidade e o fluxo de KI.
AIKI JIUJUTSU – Conjunto de técnicas marciais usando o princípio Aiki, sem o espírito "DO".
AI HAMNI – Posição de guarda no Aikidô, com Nague e Uke com os mesmos lados à frente.
AIUCHI – Bater no inimigo exatamente no mesmo momento em que ele tenta nos bater.
AITE – Oponente, adversário.
ASHI – Pé.
ASHI WASA – Técnicas de desequilíbrio onde se usa o pé para ajudar a derrubar.
ASHI BARAI – Técnica de varredura com o pé.
ATARI – Procurar atingir um objetivo nele se concentrando com todas as energias.
ATEMI – Golpe, batida, em região vulnerável do inimigo.
ASHI GATAME JIME – Estrangulamento executado com as pernas.
ASHI GATANA – O cutelo do pé.
ASHI KUBI – O tornozelo.
ASHI URÁ – A planta do pé.
ASHI SOKO – Chute com o pé.
ATAMA – A cabeça.
ATE – Golpe com a mão.
ATEMI WASA – As técnicas de Atemi.
ATE-WASA – Golpe com a mão.
AYUMI ASHI – Andar do Aikidô semelhante ao normal com as pontas dos dedões para fora.
AYUMI – Marchar, andar normal.
AWASE – Treinar com outras pessoas atacando e, ou defendendo, "colando", juntando.

B

BAFUKU – Regime militar do shogum Minamoto Yoritomo, copiado por Tokugawa.
BANZAI – "Viva", "Longa vida ao Imperador", saudação de brinde.
BARAI – Ato de varrer, varredura.
BO – Bastão longo, maior do que o Jo, muito usado nas lutas chinesas.
BO JUTSU – A arte de usar o Jo.
BOKKEN – Sabre de madeira usado em treinamentos semelhante ao Kataná.
BOKUTO – Espada de madeira.
BU – Designativo de Marcial, que se refere a coisas de artes de guerra.
BUDO – Artes marciais usadas como filosofia; caminho de vida marcial.
BUJIN – O guerreiro japonês à pé; o soldado de infantaria.
BUSHIDO – Um conjunto de normas de conduta dos samurais, não escrito, mas obedecido.
BUJUTSU – Conjunto de artes de guerra.
BUJUTSU TANREN – O treinamento das artes de guerra.
BUDO KYOKU – A educação dos indivíduos através do Budo.
BU-GEI – Prática guerreira onde todos os recursos eram admitidos.
BURAI – Expulsar.
BURAKU – Organizações de pequenos lugarejos no período feudal do Japão.
BUSHI – Guerreiro; militar nobre.
BUTSUKARI – Bater contra alguma coisa.

C

CHIISAI – Pequeno.
CHIKARA – Força; força muscular do corpo.
CHIKARA O DASU – Energia que sai do corpo ao se esticar os membros.
CHIKARA O IRERU – Força muscular, da contração dos músculos.
CHIKARA UNDO – Exercício de treinamento da distância entre os lutadores bem próximos.
CHUSHIN – O centro.
CHUDEN – As artes marciais intermediárias em uma escola de Budo, não secretas.
CHIBURI – Movimento com o Kataná, para limpar o sangue do inimigo cortado.
CHUDAN – A meia altura.
CHUDAN UKE – Defesa a meia altura.
CHUDAN TSUKI – Soco a meia altura.

D

DACHI – Posição do corpo.
DAI – Prefixo para designar o cardinal, Dai Iti: "O primeiro", grande.
DAI BUTSU – Estátua do Buda em Kamamura no Japão. Pesa 13 toneladas.
DAISHO – Par de sabres usados pelos samurais.
DAKITE – Mãos em gancho.
DE AI – O momento de encontro, de contato entre Nague e Uke durante o Wasa.
DASU – Esticar para a frente as mãos e/ou os pés.
DESHI – Aprendiz, o aluno.
DO – Caminho; filosofia; modo de conduta; o caminho para se viver corretamente.
DOJO – Lugar onde se pratica o Do.
DOGI – Vestimenta de treinamentos, erradamente às vezes denominada Kimono.

417

DOMO ARIGATO GOZAI MASHITA – "Muito obrigado" em japonês.
DOSHU – O mestre, o líder, o chefe geral de um grande movimento.
DOZO – "Por favor", em japonês.
DAIMYO – Chefe militar durante o período feudal, subordinado ao Shogun.

E

EIMEROKU – Lista de pessoas que treinam com determinado mestre.
ERI – Gola; colarinho.

F

FUDOSHIN – Espírito que permanece calmo diante do inimigo.
FUDOTAI – Corpo inamomível.
FUKUSHIDOIN – Professor assistente do mestre.
FURUTAMA – O exercício de 'Pegar" a energia com as mãos e vibrar em frente do Hara.
FUMI – Pisar.
FUNAKOGI – O exercício do remo para fortalecer os quadris e a estabilidade.
FUMIKOMI – Chute esmagador onde a perna se distende como um pilão.
FUKURAMI – Expandir.
FURI UCHI – Pancada aplicada na diagonal com a mão ou com a espada.
FUSEGU – Defender-se.
FUTARI – O encontro de dois adversários em luta.

G

GAESHI – Contra atacar; virar na direção oposta.
GAKE – O ataque, dependurar, enganchar.
GARAMI – Entrelaçado, pregado.
GEDAN GAESHI – Defesa baixa contra ataques, contra atacando.
GEIKO – O treinamento, em japonês.
GIRI – O pagamento de débitos equivalentes ao "On" recebido. Ex.: Juros.
GIMNU – O pagamento de débitos que não anulam o "On". Ex.: Favores dos pais.
GOKUI – A essência de uma escola de Budo.
GO – Número cinco em japonês.
GOHO – Um antigo método de combate onde se entrava na mesma linha do ataque.
GOMEN KUDASAI – "Dá licença, por favor", em japonês.
GO NO SEN – A segunda etapa na defesa, é o contra-ataque.
GUEDAN BARAI – Bloqueio de um soco varrendo para baixo.
GUEDAN – Baixo.
GURUMA – Roda.
GYHO – Técnica condicionada.
GAKUSEI – Estudante.
GUSHI – Espeto.
GI – Vestimenta, uniforme.
GUIAKU – Contrário, não natural.

H

HA – Ala, lado, gume do kataná.
HADAKA – Nu, sem roupas.
HACHIMAKI TENHGI – Faixa, de pano, que se coloca na testa para evitar que o suor atrapalhe.
HAJI – A vergonha, o que fazia os samurais se matarem.
HONNO – O mais alto objetivo do treinamento, superar o intelecto tornando os movimentos e ações instintivas.
HAISOKU – A parte frontal do pé.
HAISHU – A parte de cima da mão.
HAITO – A parte oposta do tegataná entre o polegar e o indicador.
HAKAMA – Tipo de calça-saia, usada pelos yudanshá no Aikidô.
HARA – Abdomem, centro de todas as energias do ser humano.
HARA KIRI – Forma deselegante de denominar o suicídio com o corte do abdomem.
HARAGEI – Escolas de desenvolvimento das energias do Hara.
HAMNI – Posição do corpo.
HANDASHI WASA – Técnicas com Nague ajoelhado, sentado, e Uke em pé.
HARAI – Um movimento com intenção de projetar para fora algo. Purificação.
HASSO – Posição clássica da esgrima japonesa.
HAZUMI – Executar um movimento com o corpo, com habilidade, com técnica.
HAPPO – Nas oito direções.
HAPPO NO KUSUSHI – Quebrar a postura de Uke nas 8 direções.
HAJIME – Voz de comando comandando o início de uma luta em competições.
HANE – Projeção.
HASAMI – Pegar alguma coisa contornando-a com uma tesoura ou pinça.
HIBI SHOSHIN – Estar com a mente sem preconceitos, limpa, como um principiante.
HEIHO – Estratégia.
HENKA WASA – Técnica avançada do Aikidô onde Nague no meio do Wasa, muda para outro.
HEIKO – Paralelo.
HIDARI – Esquerdo em japonês.
HITCH – Sete em japonês.
HIJI – Cotovelo.
HIKI – Puxão, puxar.
HITO-E-MI – A posição triangular do Aikidô, literalmente "fazer o corpo pequeno".
HISHIGE – Esmagar, romper.
HIZA – O joelho, em japonês.
HIZAGASHIRA – A rótula do joelho.
HIZA UCHI – Batida com o joelho.
HIDEN – Tradição secreta.
HIJUTSU – Técnica secreta.
HO – Exercício, prática.
HOMBU DOJO – Dojo Central, normalmente refere-se a sede do Aikikai em Tokyo.
HINOKI – O "KI", do fogo, do sol.
HAISNHIN UNDO – Exercícios no final da aula de Aikidô para relaxamento.
HONTAI – Exprime o domínio do espírito sobre o corpo.
HYKY TAOSHI – Puxar para baixo.
HIJIKI – O uso da energia "KI" pelo cotovelo; também significa torcer, esmagar.

I

IAI – Ato de antecipar a um ataque, é praticado em uma arte marcial, o Iai-do.
IKIOI – Impulso, queda com força bruta.
INKYO – A aposentadoria, o retiro.
IPPAN GEIKO – Termo designativo de aula normal, cotidiana.
IOI – Expressão: "Começar", usada em competições.
IOSHI – Expressão: "Prepare-se", usada em competições.
IRIMI – Entrar no adversário, ir à frente; sinônimo de Omote.
ITI – Um, em japonês.
IUDO – Acompanhar os movimentos de Uke, fundindo-se com ele.
IKI – Refere-se ao "KI".

J

JIME – Técnicas de estrangulamento.
JI – Letra japonesa que significa "O Eu".
JICHO – A dignidade.
JIGOTAI – Posição defensiva do corpo.
JODAN – Nível acima de peito.
JOSEKI – O lado esquerdo do tatami de quem olha do lado "kamiza".
JOTORI – Técnicas de Aikidô ensinadas para retirar o Jo atacante de Uke.
JU – Dezena; também suave, não resistente, o princípio básico do Judô.
JUJI – Cruzado, atravessado.
JUMBI TAISO – Exercícios preparativos de aquecimento antes das técnicas.
JIRIKI – A auto ajuda, vinda de dentro.
JU NO RI – Princípio do Ju.
JUSHIN – O centro de gravidade, o Hara.
JUTSU – Arte Marcial.
JUJI GARAMI – Técnica do Aikidô onde Uke é derrubado com os braços cruzados.
JIU WASA – Técnicas livres que Nague vai aplicando sem preconceber.
JO – O bastão mais curto que o Bo, mais usado no Aikidô.

K

KATA – Movimento padronizado envolvendo alguma idéia, um princípio; formas da Ryu.
KANNAGARA NO MICHI – O rio de Deus; a energia global do passado, presente e futuro.
KATATEDORI – Nome dos katas de Aikidô onde Nague é segurado pela mão com uma mão por Uke.
KATANA – O sabre mais usado pelos samurais.
KAMAE – A posição de guarda, existem vários tipos de posições. Ex.: Hamni, Hasso.
KAITEN – Rolar, virar.
KATAME WASA – Técnicas de imobilização no chão, ou no tatami.
KATA DORI – Segurar no ombro.
KATA SODE DORI – Segurar na gola.
KAKUTEI JUTSU – O Kung Fu, em japonês.
KAGATO – O calcanhar.
KAI – Associação, comunidade.
KANSETSU – Articulação.
KAO – Rosto, face, semblante.
KAESHI WASA – Técnica avançada do Aikidô, onde Uke passa a Nague no meio do Wasa.
KAMIZA – O lado do tatami onde fica o altar, ou a fotografia do fundador.
KANSETSU WASA – Técnicas nas articulações, nas quais o Aikidô é uma das mais completas.
KACHI – Samurai inferior.
KAKARI GEIKO – Exercício seriado, onde se faz a mesma técnica em série com várias pessoas.
KANCHO – O chefe de um Dojo.
KARADA – O corpo.
KAKE – Execução, o momento em que se consegue a projeção.
KAMA – Pequena foice que foi usada pelos camponeses de Okinawa, arma antiga.
KARUI – Luz.
KATAI – Duro.
KEIKO – O treinamento das artes marciais.
KOTODAMA – O espírito das palavras (os sons tem efeitos físicos no Universo).
KOHAI – Junior, aprendiz. (É importante no Budo, a relação Kohai-Sempai).
KATAME – Concentrar-se, ficar em guarda.
KATSU – Vencer.
KESA KIRI – Corte diagonal com a espada.
KEI – Sistema, método.
KERI – Chute.
KEN – Lâmina.
KIAI – Grito emitido para unificar o corpo com o espírito; descarga de energia.
KI – Energia vital, o que move as coisas, com o que se quer unir, no Aikidô.
KI WO NERU – Treinamento do próprio KI.
KI WO KIRU – Cortar o KI.
KI NO NAGARE – A corrente de KI.
KI WO TOTONOERU – Preparar o KI, para usá-lo através da concentração e relax; armazená-lo.
KI WO DASU – Enviar o Ki para o exterior.
KI GA NUKERU – Perder o ki, por perder a concentração no Saika-No-Item.
KISSAKI – A ponta do Katanâ.
KIME – Ataque rápido, com finalização correta, de eficácia penetrante.
KIRI – Cortar.
KIHON WASA – As técnicas base de uma Ryu; as técnicas padrões.
KIME WASA – Técnicas decisivas; finais.
KIRITUSUKE – Cortar com a espada.
KIKEN – Abandono.
KIN KERI – Chute nos testículos.
KIRITSU – Ordem de comando para os alunos levantarem-se após o "REI".
KISSAKI – A ponta do sabre.
KOTE – O pulso.
KO BUDO – O budo antigo, luta com armas antigas, espada, bastão, etc.
KOKYU – O vai e vem dos fenômenos, a "respiração" do universo, a respiração normal.
KOSHI – Os quadris.
KOKYU RYOKU – A energia, a força oriunda do Kokyu.
KON NO BUDO – Artes marciais dedicadas ao desenvolvimento espiritual.
KOKORO – O coração, o sentimento, as coisas da sensibilidade, a personalidade.
KOGERI – Ataque.
KOI GUCHI – Entrada, buraco da bainha do katanâ.
KOTE HINERI – Torcer o pulso.
KOTE GAESHI – Virar o pulso contraatacando.

419

KO – Círculo, circular; também: antigo.
KOSHI WASA – Técnicas com os quadris.
KUMI – Cruzar armas, lutar.
KUU NO KI – O ki do vazio, a energia do nada.
KUGE – A corte dos nobres hereditários do Imperador.
KUMI JO – Cruzar armas com o JO, normalmente exercício combinado com o Jo, à dois.
KUMI TACHI – Cruzar armas com a espada; exercício combinado com a espada, a dois.
KUDEN – Técnicas, golpes secretos, que só são ensinados às pessoas de confiança.
KUATSU – Técnicas de reanimação.
KUBI – O pescoço.
KUSURE – Desmoronar, tombar.
KUSUSHI – Desequilibrar, tirar a pessoa do equilíbrio corporal, quebrar a postura.
KEPPAN – Juramento de sangue.
KUTSU – Postura.
KYUSHO – Os pontos vitais do corpo humano, onde se aplica atemis, e shiatsu.
KURAY – A atitude não reativa às agressões.
KO NO ON – A obrigação que se assume com o Imperador, que não se pode pagar.

L

LAO TSÉ – O fundador do Taoismo, a doutrina dos contrários, Yin e Yang.

M

MA – Distância.
MA AI – A distância de combate onde Nague e Uke se unem em um só corpo e espírito.
MAE UKEMI – A queda para frente, a defesa do corpo.
MAITTA – Expressão: "Estou derrotado", em japonês.
MAKOTO – A sinceridade, a integridade de propósitos, a firmeza.
MAKI – Enrolar, virar.
MAKI DESHI – Estudante.
MATE – Expressão: "Espere", "um momento", usada em competições.
MAMORO – Colocar-se na defensiva, proteger-se.
MAWASHI – Semi-círculo.
MARUI – Movimento circular.
ME – Olho.
MI – Corpo.
MIGUI – O lado direito.
MISOGI HARAI – A purificação que as leis naturais realizam no Universo evitando a desordem.
MISOGI – Limpeza, purificação do corpo e do espírito, para permitir a entrada de novas energias (Shintoísmo).
MIZU NO KI – O Ki da água.
MOKUSO – Sentar em Seiza concentrando-se e procurando-se a unidade físico-mental.
MOCHI – Segurar com as mãos.
MOROTE – Segurar com as duas mãos uma mão.
MUSSU – O que provoca o nascimento, que faz nascer.
MUGA – Estado de espírito onde o observador é eliminado.

MOKUROKU – Catálogo de técnicas escritas de uma Ryu.
MURABASHI – Estratégia de combate onde se vai diretamente contra a linha do inimigo.
MUSSUBI – União, aquilo que une.
MUNE DORI – Ataque onde Uke segura no peito de Nague.

N

NAGASHI – Sinônimo de ludo, acompanhar ligando.
NAGUE – Aquele que executa as técnicas do Aikidô.
NI – Dois em japonês.
NOBASHI – Estirar, desequilibrar esticando o inimigo, quebrando sua postura.
NUKITE – Batida, estocada, atemi com a ponta dos dedos com a mão aberta.
NODOJITSU – Técnicas em amarrar as pessoas com 2 cordas.
NARIKIN – Um peão promovido a rainha; pessoa que enriqueceu com falcatruas.

O

O SENSEI – O grande Sensei, normalmente referindo-se a Morihei Ueshiba.
O – Grande.
OTOSHI – Jogar corpo no chão.
OHTEN – Virar para o lado.
OSOI – Devagar, lento.
OBI – Faixa.
OMOTE – Entrar na frente, o lado da frente.
OSAE – Aprisionar no chão, exercer pressão sobre.
OTOME WASA – Técnicas secretas do Daito Ryu Aikijiujitsu.
ON – A obrigação que quem recebe um favor deve pagar a quem o fez.
OYA-NO-ON – A obrigação, o dever em retribuir aos pais os favores recebidos.
OKII – Grande.
OKURI – Ir ao encontro, enfrentar.
OKUGI – Mistérios interiores de uma Ryu.
OSHI TAOSHI – Empurrar para baixo.

R

RAN – Frouxo, fofo.
RANDORI – Exercícios livres.
RENZOKU – Série, repetição.
REI – Saudação, cumprimento.
REIGI – Etiqueta.
REN – Muitos.
RENRAKU WASA – Ações, técnicas encadeadas, seguidas.
RENSHU – Praticar, treinar, o treinamento.
RIPPO – Exercício de pé.
RIKEN – As costas do punho quando fechado.
RYU – Escola de artes marciais.
RYO TE TORI – Segurar com as duas mãos, as duas mãos de uma pessoa.
RYO TE MOCHI – Segurar com as duas mãos alguma coisa, ou coisas.
RONIN – Samurai livre, sem pertencer a algum senhor feudal.

S

SAN – Senhor, 3 em japonês.
SAYA – Bainha do Kataná.
SAYU – Termo indicativo de movimentos a direita e a esquerda.
SEN-SEN-NO-SEN – A mais perfeita atitude no Budo, a ação imediata do ataque.
SENAKA – As costas.
SEITO – Aluno.
SEN – Iniciativa antes do ataque.
SAMURAI – Guerreiro antigo, palavra oriunda do verbo "samuru" (servir e proteger).
SHI NO ON – A obrigação, o débito que o aluno sempre tem com o mestre.
SATORI – A iluminação espiritual.
SHIDOIN – Instrutor.
SHIRAN – Instrutor mestre.
SENSHU – Competidor, campeão.
SEPPUKU – O nome correto para Hara Kiri, cortar o abdomem em suicídio voluntário.
SASAE – Com as duas mãos.
SAIKA NO ITEN – O ponto UM, o centro do corpo e do espírito, 5cm abaixo do umbigo.
SAKURA – A flor da cerejeira.
SANKAKU – Triângulo, triangular.
SABAKI – Desviar, movimentação para desviar.
SEIZA – Posição de sentar, ajoelhado sentado sobre a sola dos pés.
SENSEI – Mestre, professor.
SHIHO NAGUE – Jogar para os 4 quadrantes.
SHIKKO – Caminhar ajoelhado, o andar do samurai.
SHINTO – O caminho de Deus, a religião autoctone do Japão; o XINTOÍSMO.
SHIZENTAI – Posição triangular semelhante a uma pirâmide de base triangular.
SHOMENUTI – Batida na cabeça com o tegataná.
SHOMEM TSUKI – Soco na cabeça.
SHUTO – O tegataná.
SHIME WASA – Técnicas de estrangulamento.
SHIMOSEKI – O lado direito do tatami, de quem olha do Kamiza.
SHIATSU – Massagem tonificadora dos pontos energéticos do organismo.
SHIKAKU – O ponto morto, fraco de uke, onde Nague deve entrar; quadrado.
SHINKAGE – Esconder o espírito.
SHINZA – O lugar do altar no dojo.
SHI – Guerreiro, 4 em japonês.
SHINAI – Sabre de tiras de bambu usado no Kendo.
SHIMOZA – Lado em frente ao Kamiza.
SHIMO – Baixo.
SHIDO – Aviso, guia.
SHIKI – Estilo, cerimônia.
SHITA – Para baixo.
SHIZEN – Natureza.
SHODO – A arte da caligrafia, o caminho de vida através da caligrafia.
SOKUMEN – Lado.
SUESEI MUSHI – Ver a vida como um sonho e não perceber a realidade.
SUARI WAZA – Técnicas sentados na posição ajoelhado.
SHOBU AIKI – A Sabedoria da vida através da prática do Aikidô.
SHIZEN TOTA – É o ajuste natural da natureza na solução dos problemas.
SUKIMA – O vazio.
SUMI – Canto.
SUMO – Luta japonesa onde o peso e a força muscular é importante.
SUTEMI WASA – Técnicas de sacrifício onde Nague lança-se ao chão para projetar a Uke.
SUBURI – Exercício individual, sem parceiro.
SOTAI DOSA – Exercícios preparatórios executados por 2 pessoas.
SOTO – Exterior.
SHODEN – As artes preliminares de uma escola.
SEMPAI-KOHAI – A importante relação, aluno-mestre.

T

TARIKI – A ajuda de uma outra pessoa na solução dos problemas individuais.
TATCHI – Posição do corpo em pé.
TAI SABAKI – Movimentação do corpo.
TATAMI – Esteiras feitas com palhas de arroz trançadas, revestimento do piso.
TANTO DORI – Defesas contra ataques de faca.
TANTO – Faca.
TACHI – Espada.
TAI JUTSU – Artes, técnicas para serem aplicadas sem armas nas mãos dos lutadores.
TANDOKU DOSA – Exercícios preparatórios realizados individualmente.
TAKE MUSSU AIKI – Estágio elevado do Aikidô onde através do conflito faz-se nascer a energia que levará a harmonização; energia construtiva, criada a partir do conflito. Takemussu Aikidô foi a última idéia técnica de O Sensei.
TAI CHI – Símbolo Taoísta mostrando a unidade entre o Yin e o Yang.
TAI JU – Peso corporal.
TATE – Expressão: "Levante-se".
TAKE – Bambu, também guerreiro, BU é escrito com a mesma letra em Kanji.
TAMA – Significa a alma.
TAMBO – Bastão curto de mais ou menos 50 cm de comprimento.
TEI – Padrão fixo.
TEKUBI – O pulso.
TENKAN – Girar o corpo.
TEN – O Céu.
TENKAI ASHI – Girar o corpo sem dar passos.
TE WASA – Técnicas onde se usa a mão.
TEISHO – Base da palma da mão.
TEISOKU – A planta do pé.
TOMOE NAGUE – Jogar pelo estômago.
TADA IMA – A idéia do "Aqui e Agora", a importância do momento presente.
TARIKI – A ajuda de outra pessoa para resolver um problema ficando-se em "On".
TAKAMA HARA – O espírito do Universo.
TEI O GAKU – A sabedoria do Imperador.
TSUCHI NO RI – O Ki que vem da terra, do solo.
TOMA – Distância entre lutadores mais distante, mais de um passo.
TODE – A "Mão da China", o Kempo.
TO – Grande.
TOMOE – Arco, círculo.
TOBI – Saltar.
TSUBA – O protetor do punho da espada, normalmente uma coroa de círculo.
TSUKURI – Construir uma postura para ficar mais poderoso. Ex. Fazer Tenkan.

421

TSUGUI ASHI – Andar, mantendo o mesmo pé a frente, deslizando o de trás.
TSUBO – Ponto de abertura, no shiatsu onde é feita a pressão.
TCHIKA MA – Distância de combate bem perto.
TSUI – Martelo.
TSURI – Puxar, levantar.
TSUKA – Cabo do sabre ou do shinai.

U

UDE NOBASHI – Chave de Braço.
UDE HIJIKI – Prensar o braço, travar o braço.
UCHI – Batida; entrar pelo lado de dentro.
UCHI KOMI – Empurrar para dentro, entrar, entrar com um passo.
UCHI MAQUE – Tocar com a arma.
UDE FURI – Vibração do braço.
UDE – O braço.
UCHITACHI – A espada que ataca, o atacante.
UCHIDESHI – Aluno que se interna em um Dojo para treinar e servir o mestre.
UE – Em cima de.
UMASANKAKU – A postura do Aikidô, triangular, o mesmo que Hito e Mi.
UNDO – Exercício, prática.
UKE – Aquele que ataca no Aikidô e se defende caindo.
UKEMI – Cair, defender com o corpo.
UKI – Aquele que flutua, ou sobe e desce.
URA – Virar, atrás, negativo, Yin.
UTSURI – Mudar, deslocar.

W

WA – Consonância, harmonia, sinônimo de Ai.
WABI – Expressa a pobreza, e a simplicidade realizando coisas grandiosas.
WAKASENSEI – Mestre jovem, normalmente o filho de um doshu, que assumirá no futuro.
WAKARE – Expressão de competição que significa: "separem-se".
WAKI – A axila.
WAKARU – Estar dividido, cortar em dois.
WAKIZASHI – O sabre mais curto dos samurais.
WAN – O antebraço.
WARA – Palha.
WATSUKI – Soco circular.
WAKI NO KAMAE – Postura do Jo onde o mesmo é colocado para trás, para baixo.
WU WEI – Palavra chinesa que significa o não agir, o deixar acontecer naturalmente.
WAZARI – Expressão de competição que significa meio ponto.

Y

YAMA – A montanha.
YAMA BUSHI – Terríveis guerreiros que viviam nas montanhas.
YAMATO – Espírito de luta, de honra do povo japonês.
YANG – O positivo, o ativo, o contractivo.
YASUMU – Repousar.
YARI – A lança.
YABURI – Desafio.
YASME – Relaxar-se, o fim da técnica comandada pelo mestre.
YIN NO TACHI – O defensor, que luta com a espada.
YIN – Negativo, o passivo, o expansivo.
YON – Quatro, o quarto em japonês.
YOKO – De lado.
YOKO MEN UCHI – Batida na cabeça de lado.
YOKO UKEMI – Cair de lado.
YON NO TACHI – O atacante com espada, o que avança.
YOI – Expressão de competição: "preparem-se".
YOROI – Armadura.
YUBI – Dedo.
YUDANSHA – Portador de faixa preta.
YUDANSHAKAI – Reunião, associação de faixas pretas.
YUMI – O arco.

Z

ZA HO – Maneira, exercícios de sentar-se.
ZANSHIM – Executar uma técnica mantendo-se o espírito de alerta durante todo o tempo; manter a energia em continuidade sem intervalos.
ZAIBATSU – A alta burguesia, os grandes industriais.
ZEMPO – À frente.
ZENGO – Termo indicativo de movimento para a frente e para trás.
ZEN – Disciplina de meditação budista, seita budista.
ZEMPAKU – O antebraço.
ZENSHI – Mestre superior do Zen.
ZORI – Sandálias.
ZAZEN – Prática do Zen sentando-se.

BIBLIOGRAFIA

LITERATURA ESPECÍFICA

AIKIDO — Kishomaru Ueshiba — Hozansha Publishing Co. Ltd. — 1974.
THE SPIRIT OF AIKIDO — Kishomaru Ueshiba — Hozansha Publishing Co. Ltd. — 1984.
AIKIDO — Kishomaru Ueshiba — Hozansha Publishing Co. Ltd. — 1983.
AIKIDÔ ESTUDIO COMPLETO — Koichi Tohei — Editorial Glem S.A. — 1968.
AIKIDÔ SU ARTE E SU TÉCNICA — Koichi Tohei — Editorial Glem S.A. — 1968.
AIKIDÔ Y AUTO DEFESA — Koichi Tohei — Editorial Glem S.A. — 1968.
LE KI DANS LA VIE QUOTIDIENNE — Koichi Tohei — Guy Tredaniel, Ed. La Maisnie — 1983.
AIKIDO COMPLETE — Yoshimitsu Yamada — Castle Books — 1969.
THE NEW AIKIDO COMPLETE — Yoshimitsu Yamada — Lyle Stuart Inc. — 1981.
AIKIDÔ LA CIÊNCIA DE LA DEFENSA PERSONAL — Thomas H. Makiyama — Editorial Hisp. Europea — 1974.
AIKIDO EM BANDES DESSINEES — Nguyen Ngoc My — Judogui — 1984.
AIKIDÔ O CAMINHO HARMONIOSO DO KI — Antonio Tibery — Edição Própria.
AIKIDÔ TÉCNICAS BÁSICAS — Marco Natali — Editora Tecnoprint — 1985.
AIKIDO ITS HEART AND APPEARANCE — Morihiro Saito — Minato R. Publishing — 1975.
AIKIDO UN AUTRE MANIÉRE D'ETRE — André Protin — Editions Dangles — 1977.
AIKIDO AND THE DYNAMIC SPHERE — Westbrook/Ratti — Charles Tuttle Company — 1970.
AIKIDÔ BASTÃO — Antonio Tibery — Edição Própria.
DINAMIC AIKIDÔ — Gozo Shioda — Kodansha Int. Ltd.
TRADITIONAL AIKIDO (5 volumes) — Morihiro Saito — Japan Publications Ltda. — 1976.
AIKIDO — Tsuruyama Kozui — Editora Seibi-DO.
AIKIDO WITH KI — Koretoshi Maruyama — Kodansha International Ltd. — 1984.
AIKIDÔ E JUDO — Kenji Tomiki — Japan Travel Bureau — 1965.
AIKIDÔ — Massimo Di Villàdorata — Editora Record — 1973.
AIKIDO (THE COMPLETE GUIDE) — Stanley Pranin — Editora Aiki News — 1986.
AIKIDO AND THE HARMONY OF NATURE — Mitsugi Saotome — Editora Sedirep — 1987.
TOMIKI AIKIDO — Lee Ah Loi — Paladin Press.
BUDO — Morihei Ueshiba — 1935.
AIKIBUDO — Alain Floquet — Amphora.
AIKIDÔ — M. Soulenc — Judogi.
BUDO RENSHU — Morihei Ueshiba — 1932.

LITERATURA DE ARTES CORRELATAS

AIKI NEWS — Editor Stanley Pranin — Aiki News S. Pranin.
IAIDO — George Guimarães — Editora T. A. Queiroz.
IAIDO — THE WAY OF THE SWORD — Michael Finn — Paladin Press — 1985.
ATEMIS — JIU JITSU — Bernard Parisete — Jodoqui — 1976.
JU JUTSU TRADITIONNELL — Jacques Quero — Acad. Europeène D'Hakkoryu — 1977.
LE GUIDE MARABOUT DU JU JUTSU ET DU KIAI — Roland Habersetzer — Edition Marabout — 1978.
BOKEN — THE ART OF THE JAPANESE SWORD — Dave Lowry — Editora O Hara Publications — 1986.
JO — THE JAPANESE SHORT STAFF — Don Zier and Tom Lang — Unique Publications — 1976.
THE NAKED BLADE — A MANUAL OF SAMURAI SWORDSMANSHIP — Toshihiro Obata — Dragon Books — 1986.
JUDO IN ACTION — Kazuzo Kudo — Japan Publications Trading Co. — 1967.
JUDÔ SEM MESTRE — H. Koingerstorff — Edições Livro de Ouro.
ARMES EGALES — Daniel Kubois — Editora Pax — 1977.
TAI CHI-KUNG FU — Laercio B. Fonseca — Centro de Cultura Alternativa — 1987.
CHI KUNG — Sonia Amaral — Summus Editorial — 1984.
KUNG FU — Peter Tang. — W. Foulsham Co. — 1975.
TAI CHI CHUAN — Roque Severino — Icone Editora Ltda. — 1987
TANTO — Russel Maynard — Unique Publications — 1986
BEST KARATE — M. Nakayama — Kodansha International — 1986.
GUIA DO KARATÊ — Yoshinabu Nambu — Editora Record.
PRINCÍPIOS E CAMINHOS DO KARATÊ — Wilson Hisamoto — Editora Primavera.

INSTITUTO TAKEMUSSU

ENTIDADE OFICIAL RECONHECIDA PELO CND
Resolução 20/88

Endereço:
Rua Mauro, 331 — Mirandópolis — São Paulo — SP
CEP 04055-040 — Fones: (011) 816-6155/ 275-4734